リーダーとして結果を出す

野村克也の言葉

桑原晃弥

「努力」と「知力」を磨くことで人はどこまでも成長できる。

野村克也の言葉はなぜこれほどに多くの人の心を打つのでしょうか？　理由は野球人としての圧倒的な実績に加えて、実践を通して身につけた知識や経験、理論が豊富な読書などによって磨き抜かれたことで野球とは無縁の人たちにとっても役に立つ学びの多いものとなっているからです。

野球選手として、また監督としての野村の実績は素晴らしいものですが、本書でもたびたび触れているようにそのスタートはテスト生というほとんど誰からも期待されないものでした。実際、わずか1年で解雇を通告されていますが、「何が何でもプロ野球選手として成功してお金を稼ぎたい」という野村の熱意が通じて何とか残留を許されています。

しかし、その後の歩みも決して平坦なものではありませんでした。入団4年目の1957年に30本塁打を放ってホームラン王に輝いたものの、その後は苦手なカーブ攻めにあい、3割を超えていた打率が2割5分前後に低迷しています。この時期に懸命に取り組んだのが「配球を読む」ことですが、こうした努力を経て野村は球界を代表する捕手として、戦後初の3冠王、歴代2位の通算657本塁打など数々の大記録を打ち立てる大選手へと成長していったのです。

その後、1980年に現役引退した野村は「野村スコープ」など卓越した野球理論により人気の野球解説者となりますが、1990年にヤクルトの監督に就任、9年連続Bクラスだったチームを4度のリーグ優勝、3度の日本一に導いたのち、阪神、楽天でも監督を歴任、名監督しての評価を確立しました。

「名選手、名監督ならず」はよく聞く言葉ですが、野村はそれに反してまさに「名選手にして名監督」でもあったわけです。それを可能にしたものこそ、野村の若き日の「努力と知力で天才を超えていこうとした日々」だったのではないでしょうか。

野村が「天才」と認める「ミスタープロ野球」長嶋茂雄はどんなボールにでも対応できる身体能力や才能を持っていたといいますが、野村にはそれがなかったからこそ「配球を読む」練習を行い、日々ひたすらにバットを振るという努力を重ねています。

そんな野村だからこそ決して一流とは言えない選手の中に輝くものを見つけることができたし、隠れた才能を引き出すこともできたのです。私たちは日々、できる人間を見て、その才能を羨んだり、自分に欠けているものや足りないものを数えては「これじゃあ、無理だな」と愚痴をこぼすことがあります。しかし、そんな時、野村の本を読み、話を聞くと、「足りないもの」を数えることの愚かさを知り、「正しい努力」が足りていないことに気付かされます。

オリンピックなどでメダルを獲得した選手がしばしば口にするのが「努力は報われる」ですが、一方には「報われない努力」がたくさんあるのも事実です。そのため多くの人は努力の持つ価値を軽んじることもありますが、野村によると努力には圧倒的な量と共に、頭を使って正しい努力をすることが不可欠なのです。

何かを成し遂げるためには努力を欠くことはできませんが、野村によるとその努力が本当に正しい努力なのかを自らに問い、正しい努力を懸命に続けて初めて努力は報われるものとなるのです。つまり、成功には単に努力をするだけではダメで、何が正しい努力なのかを考え、それを実行できる知力も必要なのです。

そのための「考える力」や「努力する力」の大切さを教えてくれるのが野村の言

葉の数々です。もし人生が「才能」や「生まれた環境」だけで決まるとすれば、多くの人にとって人生は決められたレールの上を走るだけになりますが、野村がそうであったようにそれ以外の「努力」と「知力」を磨くことで、どこまでも成長できるのです。

生きづらい時代です。病気や災害によって厳しい状況に置かれている人も少なくありませんが、だからこそ野村の言葉に耳を傾けてはいかがでしょうか。野村ほどの努力はできないにしても、努力と知力で道を切り開くことはできるのです。

本書でご紹介した野村の言葉の数々がみなさまの生きる力となればこれにまさる幸せはありません。

本書の執筆と出版にはリベラル社の伊藤光恵氏、安田卓馬氏、仲野進氏にご尽力いただきました。心より感謝いたします。

最後に2020年にお亡くなりになった野村克也さんのご冥福を心よりお祈りいたします。

桑原　晃弥

第一章　リーダーに求められる資質

第二章　才能を見抜くコツ

第三章　強い組織の条件

第四章　結果を出す技術

第五章 成長する生き方

第六章 天才を超える戦略

第七章 チャンスを逃さない秘訣

第八章 人を動かす極意

WORDS OF
KATSUYA NOMURA

第一章

リーダーに求められる資質

WORDS OF KATSUYA NOMURA

01

リーダーが成長しなければ組織は成長しない

組織はリーダーの力量以上には伸びない。

▼『野球と人生』

パナソニックの創業者・松下幸之助は、39歳だった1933年から毎朝、社員の前で自分の考えを話すようになりました。最初は不慣れでしたが、松下は日々努力を重ねることで同社を世界的企業へと成長させ、「経営の神様」と呼ばれる存在となりました。

「組織はリーダーの力量以上には伸びない」とはよく言われる言葉ですが、これはリーダーの限界を指し示すものではなく、リーダーが日々成長を続けることで組織もそれと一緒に成長することができるという、とても前向きな言葉と言えます。野村克也も、この組織論の大原則を信じていました。そのうえで、自らが成長すること、自分から率先して変わることこそがチームを成長させ、変えることだと信じて実践していました。

もっとも、成果を上げることでリーダーとなった人間にとって、「変わる」というのはとても大変なことです。「自分はこれでうまくいった」と考えてしまうと、変わることは難しくなります。しかし、変わらなければ組織は「今のリーダーの器」以上に大きくなることはありません。「進歩とは変わること」と思い切り、実践できるかどうかが、自分だけでなく組織の命運をも左右するのです。

WORDS OF KATSUYA NOMURA

02

リーダーの「信」次第で組織は変わる

リーダーに「信」があれば、組織はいい方向に進む。

▼『超二流』

「民信なくば立たず」は『論語』に出てくる言葉です。「政治における重要課題は何か？」と問われた孔子は「食糧」「軍備」「民の信」の3つを挙げたうえで、「もし民に為政者に対する信がなければ立ち行かない」と説いています。

野村克也は、プロ野球の名監督の条件として「信」を挙げています。同じ言葉でも、誰から言われるかによって、その受け止め方は変わってくるものです。信頼する上司からは、叱られたとしても、その言葉はしっかり教訓として心に残りますが、信頼していない上司からは、ほめられたとしても、決して嬉しいとは感じないものです。

野村が在籍した南海のライバル球団であった東映には、実力のある選手がたくさんいたものの、チームのまとまりがありませんでした。ところが、1950年代に巨人を8回優勝に導いた水原茂が監督になるとチームはがらりと変わり、2年目には日本一となりました。

なぜそんなことができたのでしょうか？　野村によると、水原には確たる「信」があり、選手も水原を信じてチームプレーに徹するようになったからです。リーダーに「信」があるかどうかで、組織の命運は決まってくるのです。

WORDS OF KATSUYA NOMURA

03

リーダーの「覚悟」が部下を本気にさせる

最後の最後に「これで行く」と決める。
「決断」の作業に必要なのは、
「何があっても責任は自分が取る」と
腹を決められるかどうか。これが覚悟である。

▼『「本当の才能」の引き出し方』

日露戦争の勝敗を決定づけた日本海海戦において、ロシアのバルチック艦隊が2つのルートのうちどちらを通るかを巡って連合艦隊の参謀たちの間で意見が分かれましたが、最後に決断したのが司令長官の東郷平八郎です。その冷静かつ堂々たる態度で周囲を安心させ心服させたことが、戦いの勝利へとつながったのです。

野村克也によると、大きな試合であればあるほど、勝負は実力以外のところで決まるといいます。野球には緻密《ちみつ》な判断が欠かせませんが、それを踏まえて最後に決断するためには「覚悟」、つまり「腹を決めて勝負すること」が不可欠になります。勝負に「絶対」はありません。だからこそ、決断を下すリーダーには「何があっても責任は自分が取る」「失敗してもかまわないから思い切ってやれ」という覚悟が必要なのです。

部下はリーダーの覚悟を見ています。もし決断が裏目に出た時、「なぜあんなことをした」とか、「だから言わないことじゃない」などと、責任を他に転嫁するようなリーダーは誰も信用しません。「すべての責任は自分にある」とリーダーが腹を括《くく》っていると分かれば、部下もリーダーを信頼して本気で動くことができるのです。

WORDS OF KATSUYA NOMURA 04

与件の中で戦い、結果を出せ

与えられた戦力をやりくりして勝利をつかむのが、上に立つ者の仕事である。

▼『番狂わせの起こし方』

「うちの会社に、もうちょっと知名度があればなあ」などと「ないものねだり」をしたことはないでしょうか。

よほど恵まれた環境で仕事をしている人を別にすれば、ほとんどの人は「足りないもの」に悩まされながら仕事をしているものです。しかし、現実にはその願いが叶うことはなく、結局は与えられたものの中で戦うほかありません。

野村克也が監督に就任したチームは、人気球団の阪神を別にすれば、お金や人材など決して恵まれたものではありませんでした。それでも、ヤクルトを3度の日本一を含む4度のリーグ優勝に導くなどの輝かしい成績を上げることができたのは、野村の選手を育てる力に加え、与えられた戦力で闘い抜く指導力があったからです。こう話しています。

「『人が足りない』『金がない』と、ないものばかり探していたら番狂わせなど起こるはずがない。『何か使えるものはないか』と相手の弱みや隙を狙えば良い」

リーダーに求められるのは、潤沢な資金を使って、人もがらりと入れ替えて勝つことではなく、与えられた戦力をやりくりしながら知恵を使って勝つことです。与えられた条件の中で結果を出せるリーダーこそが本物のリーダーなのです。

WORDS OF KATSUYA NOMURA 05

最後まで安堵《あんど》するな 諦めるな

安心するのは「すべて」が終わってからである。

▼『超二流』

「画竜点睛《がりょうてんせい》を欠く」は、物事を立派に仕上げるために最後まで決して気を抜かないことの大切さを伝えていますが、最後の最後に油断しがちなのが人間です。

1979年、近鉄対広島の日本シリーズ第7戦9回裏の攻防は、今も「江夏の21球」として語り継がれる名勝負でした。4対3とリードされた近鉄は、9回裏ノーアウト満塁と攻め立てます。逆転すれば、名将西本幸雄監督にとって初の日本シリーズ優勝です。

この時、サンケイスポーツ紙の解説者を務めていた野村克也は、西本監督がニヤッと笑ったのを見て、そこに「油断」を感じました。結果として近鉄はチャンスを逃し、広島が日本一になりましたが、それを見ていた野村は「将たる者、笑顔を見せるのは勝利した瞬間だけ」、と改めて実感することになりました。

野球に限らず、ビジネスでも最後の最後まで何が起きても不思議でないのが世の常です。圧倒的不利に追い込まれた側が、最後まで諦めずに粘り抜くうちに相手のミスが出て、勝敗が逆転するというのはよくあることです。人生で大切なのは、決して最後まで諦めないことであり、ましてやリーダーは、結果を見届けるまで安堵しても諦めてもダメなのです。

WORDS OF KATSUYA NOMURA

06

「部下は上司を3日で見抜く」と心得よ

監督は選手を見ているが、
選手だって監督を見ている。

▼『野村ノート』

「部下は上司を3日で見抜く」という言葉があります。上司が新しい部署を任された時、部下一人ひとりについてきちんと把握するには時間がかかりますが、部下は上司を3日もあれば見抜きます。

上司が自分たちの方を見ていると分かれば従いますが、もし上の意向ばかりを気にする「ヒラメ上司」であれば、本気で従うことはありません。

野村克也によると、戦いには「戦力」「士気」「変化」「心理」の4つが重要で、中でも「士気」が非常に大事だと考えていました。そして味方の士気を高揚させ、ベンチに勢いをつけるうえで、「選手が見ている」監督の采配《さいはい》は、とても大きな役割を果たすことになります。

例えば、相手投手がストライクも満足に取れないままに四球を出したとします。味方選手全員が「とてもストライクは入らないな」と感じている時、監督がバントのサインを出したとすると、「ここでバントかよ」と選手はあきれ、「何だ、この監督は」と監督への評価を下げるのです。

リーダーの弱気や油断も、部下にはすぐに伝わります。上に立つ人間は、自分が部下を見ている以上に、部下は自分をよく見ているという覚悟の下、考え行動することが大切なのです。

WORDS OF KATSUYA NOMURA

07

リーダーは熱狂にあって冷静であれ

感情に走ると勝利はこぼれ落ちる。

▼『「本当の才能」の引き出し方』

野村克也と言えば「ぼやき」と言われるほど、そのぼやきは有名ですが、「ぼやくことはあるにしても、腹を立てたり、カッとして怒ることはほとんどない」というのが野村の言い分です。

理由は、「感情に走ると勝利はこぼれ落ちる」から。勝負というのは力と力、知恵と知恵のぶつかり合いですが、野村によると、いくら力がある人でも、心が乱れると技の精度が狂うものなのです。

現役時代の野村は、キャッチャーとしてバッターに「お前、真っすぐ待っとるな」などといった一言をぼそっと呟《つぶや》くことが常でした。根拠は必要ありません。

それが当たっていれば、バッターは「狙いを見抜かれている」と焦りますし、当たっていなかったとしても、「なぜわざわざそんなことを?」と動揺します。大切な集中力に乱れが生じるのです。さらに、怒りっぽい選手などは、野村の言葉にいら立ち、本来ボールに向けるべき意識が野村に向かうことで三振を喫することもあったと言います。

ある経営者が、企業経営のコツは「熱狂にあって冷静にある」ことだと話していましたが、特にリーダーは、どのような状況にあっても、感情に流されず、冷静であることが必要なのです。

WORDS OF KATSUYA NOMURA 08

「伝えるべき情報」と「それ以外」を間違えるな

監督は、胸の内にしまっておくべき言葉、しっかり伝えなければならない言葉をはっきり分けておかなければならない。

▼『監督の器』

今の時代、情報はできるだけオープンにした方が良いわけですが、情報には重要度に差があり、すべての情報を全員に知らせる必要はないというのが「孫子の兵法」の考え方です。

野村克也もかつて、監督の考えを選手に明かして良いものかどうか、ずいぶん悩んだことがあります。1973年、野村率いる南海は前期優勝を果たし、後期優勝の阪急とのプレーオフに臨みました。5試合の短期決戦です。力で南海を上回る阪急に勝つには、※1、3、5戦が大事になります。野村はこの3試合に全力を注ぎ、2、4戦は「勝てば儲けもの、負けて元々」と腹を括《くく》ります。

作戦通り第1戦に勝利した南海は、想定通り第2戦は敗れます。ここで野村は自分の作戦を選手に打ち明けます。すると、第3戦に勝利したあと、第4戦では大敗しました。作戦通りの結果でしたが、野村は「負けても良い」とは絶対に言ってはいけなかったと後悔します。最終的に第5戦に勝利し優勝しますが、以来、監督には「しっかり伝えるべき言葉」と「胸の内にしまっておくべき言葉」があると考えるようになりました。リーダーは、部下に伝えるべき言葉と秘すべき言葉を間違えてはいけないのです。

※1、3、5戦が大事…エースが登板する1戦目に勝利することを第一に考えた、昔からの野球のセオリー

WORDS OF KATSUYA NOMURA 09

リーダーは常にプラスの感情を持ち続けよ

リーダーの考えていること、
リーダーの心の内は、
言葉にしなくても
選手たちに伝わってしまう。

▼『超二流』

熱意や勇気、不安は人から人に伝わるものです。特にリーダーの抱く感情は意識するしないにかかわらず周りに伝染していきます。

野村克也には苦い経験があります。野村はヤクルトの監督を9年間務めて、実に4回もリーグ優勝していますが、1992年と93年に連続優勝をして以降は、優勝の翌年には必ず4位となってしまっているのです。

この結果について、野村は「知らず知らずのうちに、私の安堵《あんど》感が選手に伝わってしまったのだろう」と振り返っています。優勝をしてホッとした野村の気持ちが選手に伝わるのか、選手もホッとしてしまったことが、優勝の翌年の4位という結果になってしまったのではないか、というのです。こうならないよう、組織のリーダーは「リーダーの考えていることは言葉にしなくてもみんなに伝わってしまう」ということを肝に銘じて、一時も気を抜いてはいけないというのが、野村の教訓となっています。

リーダーの抱く感情は、言葉にしなくてもみんなに伝わるものです。だからこそ、リーダーは常にマイナスではなくプラスの感情を持ち続けることが必要なのです。

WORDS OF KATSUYA NOMURA

10

的確なアドバイスのできる存在であれ

「5W1H」は必要なものだろうが、指示は「HOW」を授けるものだ。

▼『野球と人生』

「『頑張れ』しか言えないのでは、管理者ではなく応援団だ」とはトヨタに伝わる言葉の1つです。管理職に求められるのは「頑張れ」と声をかけることではなく、「より良く、より楽な仕事のやり方」を考えることだという意味です。

野村克也が現役だった時の南海の監督・鶴岡一人《かずと》は、配球について質問しても「自分で考えろ」の一言で済ませるなど、具体的な指示はしない監督でしたが、野村自身は、選手への指示は「思い切っていけ」といった「単なる願望の裏返し」ではダメで、相手の弱点や癖、狙うべき球種など、具体的に「こうすれば良い」

という「HOW」（どうやって）を授けなければならないと考えていました。

理由は「指示することによって、部下の責任を軽くしてやる」ためでした。「自分で考えろ」「思い切っていけ」では、すべての責任は部下が負うことになりますが、上司からの具体的な指示があれば、部下は「失敗しても上司の責任だ」と割り切って、「思い切っていく」ことができるのです。

一から十まで手取り足取り教えては部下の自主性は育ちませんが、上司はいつでも部下に的確なアドバイスができる存在でなければならないのです。

WORDS OF KATSUYA NOMURA

第二章 才能を見抜くコツ

WORDS OF KATSUYA NOMURA

11

白紙になって人を見る習慣を

人を見抜き、適材を見出すコツは「白紙の状態で人を見る」ということだ。

▼『「本当の才能」の引き出し方』

野村克也の凄《すご》さの1つは「人を見抜く力」にありますが、中でも「白紙の状態で人を見る」ことが大切だと言いました。

飯田哲也と言えば、ヤクルトなどで俊足巧打に加え、華麗な守備で知られていましたが、野村がヤクルトの監督に就任した時の守備位置はキャッチャーでした。

野村は飯田選手を見てすぐに「この足だけでも一軍で使える」と思いましたが、それまでの飯田選手は高校時代からキャッチャーだったということで、誰もその俊敏な才能を積極的に生かそうとはしませんでした。しかし、先入観や固定観念なしに飯田選手を見ることのできた

野村はその才能を見抜き、すぐにコンバート。やがて飯田選手は、プロ野球を代表する外野手の一人となったのです。

人を見抜き、才能を引き出したいのなら、まずはその人に貼られたレッテルを剥《は》がし、「白紙になって人を見る」ことが何より大切なのです。

問題解決にあたっても、大切なのは「白紙になってものを見る」ことです。

それを忘れて自分の狭い考えで「これはこうに決まっている」などとやってしまうと正しく問題を解決することができなくなってしまうのです。

WORDS OF KATSUYA NOMURA

12

人をよく「観察」して、それから法を説け

手探りでいい。
しかし、1人1人を見て説くことである。

▼『「本当の才能」の引き出し方』

野村克也は「野村再生工場」と呼ばれるほど、かつては活躍していたが今は力が衰えている選手を再生したり、二軍などにくすぶったまま力を発揮できずにいる選手を発掘し、表舞台に引き上げる才能に長《た》けていました。

では、こうした選手をどうやって「その気」にさせていくかというと、野村が心がけていたのが「人を見て法を説け」でした。例えば、大エースだった江夏豊と、一軍での実績のなかった江本孟紀《たけのり》とでは、実績も違えば性格も違います。2人に同じようなことを言ったとしても「相手に響く」はずはありません。

野村は「相手をよく見る」ことから始めます。この選手はプライドをくすぐると燃えるのか、厳しい言葉で奮起するのか、励ますことでやる気を出すのかなどをじっくりと見極めたうえで、初めてその人にふさわしい言葉をかけることで、一人ひとりの力を引き出していったのです。

ある企業経営者は管理職時代、新しい部署を任されると、ある一定の期間は人物観察に充て、その後にどんな言葉をかけるかを考えていたといいます。人を動かす時は、「手探りでも良いので、一人ひとりを丁寧に見て法を説く」ことが大切なのです。

WORDS OF KATSUYA NOMURA

13

人は失敗して初めて聞く耳を持つ

人間は失敗してこそ間違いに気づくものだ。

▼『野村再生工場』

※トヨタ式に「人は困らなければ知恵は出ない」という言葉があります。人間は本来変わることを嫌いますが、本当に困った時には「何とかしないと」と必死に知恵を出すようになるという意味です。

野村克也は監督時代、コーチに「なるべく教えるな」と言っていました。理由は「人間は失敗してこそ間違いに気付くもの」だからです。例えば、明らかに間違った打ち方をしている選手がいたとしても、その選手が自分で「失敗した」「困った」「何とかしなければ」と思わなければ、いくらコーチが「ああしろ、こうしろ」と教えても、選手の頭には入らないし、アドバイスをもとに変わろうともしません。

反対に、選手が失敗をして「どうしたら良いでしょうか？」と真剣に聞いてくる時というのは、選手の向上心も知識欲も高まっており、コーチのアドバイスを真剣に聞くし、何とか自分のものにしようと努力するのです。

人は困らなければ知恵も出ないし、本気で変わろうとはしないものです。リーダーは決して教えすぎず、しかし部下が本気で変わろうとしている時には、いつでも適切なアドバイスができる準備をしておくことが必要なのです。

※トヨタ式…トヨタ自動車が車を効率良くつくるために考案した生産方式。ものづくりだけでなくものの見方や考え方も含むものであり、今は世界中で活用されている。

WORDS OF KATSUYA NOMURA

14

ピント外れのほめ方は見識を疑われる

ほめるってのは怖いことなんだ。
どこを評価するか、それによって
自分の見識や能力をさらけ出すことに
つながるから。

▼『Number』

人を育てるうえで「ほめると叱るは車の両輪」とはよく言われることですが、現実には、叱るのは得意でもほめるのが苦手なリーダーもいれば、部下をおだてることはできても、肝心の時に叱ることができないというリーダーもいます。

野村克也は「ほめる」ことには慎重でした。理由は、監督がやたら選手をほめまくると安っぽくなり、「言葉の値打ち」が下がるという考えからでした。

野村自身、南海時代に監督の鶴岡一人《かずと》からほめられたのはわずか1回にすぎませんでしたが、その言葉で大きな自信を持つことができました。

反対に、ほめ方を間違えたり、ピント外れのほめ方をすると、選手は「監督はこんなことでほめるのか」とか、「この監督、分かってねえなあ」と、監督としての見識や能力を疑われることもあるだけに、注意が肝要だと考えていました。

そんな野村だけに最近の「ほめて伸ばす」に関しては懐疑的なところがありました。「ほめて伸ばす」が今の時代の空気に合っていたとしても、それで伸びるかどうかには疑問があったからです。

ほめるも叱るも「相手」と「内容」と「タイミング」が合ってこそ相手に伝わるというのが野村の変わらぬ信念でした。

WORDS OF KATSUYA NOMURA

15

ほめ言葉はタイミングを見て慎重に

人は、無視・称賛・非難の段階で試される。

▼『野村再生工場』

野村克也の考える人材育成の原理・原則は「人は、無視・称賛・非難の段階で試される」というものです。箸にも棒にもかからない、まったくお話にならない選手については「無視」します。次に少し見込みが出てきた選手は「称賛」しますが、チームの中心を担うような存在へと成長したら、今度は「非難」するというものです。

それは、南海時代の監督・鶴岡一人《かずと》のやり方でもありました。野村が鶴岡監督にほめられたのは、ただの1度です。入団して3年目のオープン戦、球場の通路で鶴岡監督とすれ違った時、普段は「おぅ」くらいしか言われなかったのに「お前、ようなったのぅ」と声をかけられました。この言葉が骨の髄まで響いた野村は「またほめられたい」という思いから、さらに努力を続けたのです。

しかし、その後は三冠王をとってもほめられることはなく、「お前はゼニにならん選手や」などと言われ続けました。辛《つら》いことですが、そのことが野村の反骨心に火をつけたのです。以来、野村は選手を安易にほめることはなかったといいます。指導者がほめる時は、タイミングが重要で、かつ慎重であるべきというのが野村の考え方です。

WORDS OF KATSUYA NOMURA

16

格好に中身が追いつくだけの努力をしろ

格好いい選手になりたいと憧れ、
そこを目指す過程で中身ができて、
本物になっていく。

▼『野村ノート』

アメリカのビジネス界では、よく「成功したければ、成功した企業のように振る舞え」と言われます。実力が伴っていなくとも、成功者のように振る舞い続けることで成功者に近づけるという意味です。

野村克也は、オリックスに入団したばかりのイチローを見て、ひと目で「ええ選手やな」と気に入ったといいます。ところが、イチローは1年経っても2年経っても一軍で活躍することはできませんでした。理由は、監督の土井正三がイチローの振り子打法をプロでは通用しないと思い、なかなか一軍に上げようとしなかったからです。

野村もたしかにイチローを見て、「良い格好をしよう」という意識が見え隠れするとは感じていました。しかし、野村は格好良く見せたいという意識を持つイチローが努力することで、中身を伴う選手へと成長していることを評価していました。最初は「格好良くありたい」という憧れから始まっても、それにふさわしい努力をすることで「本物」になれば良いのです。

「格好だけ」の選手はダメですが、「格好に中身が追いつく」選手なら良いのです。「成功したければ、成功者のように振る舞う」ことも成長の力となるのです。

WORDS OF KATSUYA NOMURA

17

リーダーは部下を育てながら成果を上げろ

記録を残す、名前を残すことも大事だ。
だが、それ以上に人を育て、
人を残すことが大事だと思っている。

▼『監督の器』

ものづくりの世界に「ものをつくる前に人をつくれ」という言葉があります。良いものをつくるためには、まず人を育て、良い人が育って初めて良いものができるというのがものづくりの考え方です。

監督としての野村克也も、常に考えていたのは「人づくり」でした。講演で「組織、チームづくりのうえで一番大事なことは何か？」と質問され、こう答えています。

「私は人間づくりが基本だと考えている。チームをつくるには、まず選手一人ひとりをしっかりとしたプロにつくり上げなければならない。それが人間形成だ」

プロ野球では技術がものを言いますが、技術的な進歩のためには人間的な成長が不可欠であり、組織はリーダーの器より大きくならない以上、リーダー自身も常に人間として成長し続けなければならないというのが野村の考え方です。

監督としての評価は、とかく勝利数や優勝回数で語られる傾向がありますが、それ以上に、どのような選手を育てたか、選手を人としてどれだけ成長させたかで見ることも大切なのではないでしょうか。

部下を育てながら成果を上げていく人こそが本物のリーダーなのです。

WORDS OF KATSUYA NOMURA

18

「人間教育」はリーダーの役目である

人間的成長なくして技術的進歩なし。

▼『超二流』

野村克也の野球観の中で、他の監督やコーチと大きく異なっているのが「人間教育」に対する強いこだわりです。

なぜ「人間教育」にこだわるのでしょうか？　野村によると、プロ野球選手の多くは子どもの頃から野球ばかりやっています。野球さえしっかりやっていれば、勉強も一般常識も礼儀作法も、目をつぶってもらえたという人も少なくありません。その結果、念願かなってプロ野球選手になっても、そこで監督やコーチが人間教育をせず、「とにかく結果さえ出してくれれば」と甘やかしてしまうと、いずれ問題が起きるというのが野村の見方です。

人間教育が抜け落ちてしまうと、せっかく恵まれた才能を持ちながら「つい遊興にふけってしまう」選手もいれば、自分のことばかり考えて「チームのために」を考えられない選手になることもあります。大切なのはまずは社会人教育、人間教育をしっかり行うことです。人として成長すれば、自ずと野球哲学を持つようになり、そうなれば技術的成長もついてくるというのが、野村の考える「正しい順番」なのです。リーダーは、部下の成果を見るだけでなく、人間的な成長を助ける存在でもなければならないのです。

WORDS OF KATSUYA NOMURA

19

天才を知力で超えていけ

天才になれない劣等感と、
天才に負けたくないという欲があったから、
とことん考えて野球をするしかなかった。

▼『「本当の才能」の引き出し方』

世の中には、みんなが「天才」と認める人がいるものですが、野村克也が「こいつは天才だ」と認めたバッターの1人が長嶋茂雄です。

野村は、バッターを4つのタイプに分けています。直球狙いで変化球にも対応するタイプ、打つコースを決めるタイプ、打つ方向を決めるタイプ、球種にヤマを張るタイプの4つですが、長嶋はどのタイプにも収まりませんでした。

長嶋がすぐれた反射神経と動物的な勘によって、どんな球種でも対応して打てたのに対し、野村はカーブが苦手でまったく打てませんでした。そのカーブにヤマを張りますが、それに根拠を持てるよう、懸命にピッチャーの癖などを研究し、大打者へと成長していきます。

野村には長嶋のような天才性はありませんでしたが、長嶋に負けないようにとことん考えて野球をすることで、長嶋を超えるバッターになることができたのです。「天才」を見た時、たいていの人は「アイツは天才だから」の一言で片づけてしまいますが、野村のように「天才に負けたくない」という思いがあれば、「では、どうすれば良いか?」を考えることができ、天才を超えていくこともできるのです。

WORDS OF
KATSUYA NOMURA

第三章

強い組織の条件

WORDS OF KATSUYA NOMURA 20

組織の行方は「中心選手」次第で決まる

中心なき組織は機能しない。

▼『野村再生工場』

「多くの企業はすぐれた人材を抱えている。でも最終的には、それを束ねる重力のようなものが必要になる」とは、アップルの創業者スティーブ・ジョブズの言葉です。すぐれたものを生み出すには、人やお金があるだけではダメで、それらをまとめる「重力」が欠かせないというのがジョブズの考え方でした。

野村克也によると、強い組織をつくるためには「中心となる存在」が欠かせないといいます。V9時代の巨人には、王貞治、長嶋茂雄というONがいて、単に打つだけではなく、率先垂範《そっせんすいはん》でチームを引っ張っていくことができたからこそ、圧倒的な強さが発揮できました。

2016年に25年ぶりのセリーグ優勝を果たした広島には、黒田博樹や新井貴浩がいて、共に背中で引っ張ることができたからこそチームがまとまり、優勝へと突き進むことができたのです。

それほどに、中心選手の意識と言動は他の選手に強い影響を持っています。中心選手次第で組織はまとまって正しい方向に行くか、それとも間違った方向へ行き、ばらばらになってしまうかが決まります。組織のトップの役目は、チームにとっての重力となる中心選手を見出し、そして育て上げることなのです。

WORDS OF KATSUYA NOMURA

21

「希望的観測」に惑わされるな

希望的観測は、同時に二つのものを失う。

▼『負けに不思議の負けなし』

人は時に「希望的観測」を口にすることがあります。例えば、試験にヤマを張って、「このヤマが当たれば100点だって……」と夢を見ます。しかし、それは所詮「自分に都合の良い希望的観測」にすぎません。

プロ野球の世界でも、肝心の場面で希望的観測を抱いたために、痛い目にあうことがあります。あと1人を抑えれば勝てるという場面で、投手が明らかにバテて球威が落ちているにもかかわらず、監督が「ここを抑えてくれれば勝てるし、他の投手も休ませられる」といった希望的観測で続投させてしまうと「ロクなことがない」というのが野村克也の見方です。

野村によると、「希望的観測は同時に2つのものを失う」といいます。1つは敵の強さとひたむきな姿勢に対するこちらの警戒心であり、もう1つは自分たちはそれほど強くないという謙虚さです。

反対にこの2つがあれば、決して楽天的にならず、ピンチの場面を乗り切るために万全の手を打てるし、勝つために必死になることもできるのです。

「こうなってほしい」が「そうなる」ことは滅多にありません。常に最悪の事態を想定して最善を尽くすことで、初めてものごとは望む方向に進むのです。

WORDS OF KATSUYA NOMURA 22

お客さんの期待に応えてこそプロである

お客さんの期待に応えるのが、我々の義務だと気づくと気づかないとでは大違いだ。

▼『Number』

「多くのマーケターが、自分の心の奥底では消費者を一番にしていないことを認めるべきだ」とは「マーケティングの神様」フィリップ・コトラーの言葉です。企業の多くは「顧客第一」を掲げながらお客さまを軽視することもあるのです。

プロ野球も「顧客第一」を考えなければならないというのが野村克也の考えです。野村は監督時代、選手にこう問いかけることがありました。

「お客さんは入場料を払って来てくれてるんだ。お客さんが何を望んでいるのか、試合が始まる前にちらっと考えてみろ」

そんな野村が「これぞプロ」と認めたのが長嶋茂雄です。長嶋は選手時代、シーズンオフの日米野球にも全イニング出場していました。体調を心配した野村が「監督に言って休ませてもらったら?」と言ったところ、長嶋は「私のことを見に来てくれるお客さんは、もしかしたら初めての野球観戦かもしれないし、一生に一度しかない観戦かもしれない。そう考えると休めないよ」と答えたというのです。

野村はこの姿勢こそ「本当のプロの美意識だ」と感じたといいます。お客さんの期待に応えるのはもちろん、期待を上回ってこそ本物のプロと呼べるのです。

WORDS OF KATSUYA NOMURA

23

情に溺れず、「適材適所」を心がけよ

人事などは、派閥など情によって
流されてはいけない。
適性のある者がその任に当たらなければ、
組織は必ず腐っていく。

▼『リーダーのための「人を見抜く」力』

「権腐《けんぷ》十年」という言葉がありますが、権力が腐敗する原因の1つが人事の間違いです。耳の痛いことを言う能力のある部下よりも、擦り寄ってくる無能な部下が増えると、権力はおかしくなるのです。

野村克也にとって、南海時代の監督・鶴岡一人《かずと》は「反面教師」的なところがありました。その1つが「鶴岡親分」と呼ばれたように、親分・子分の関係を築いて派閥をつくることでした。派閥をつくると、その中にいる選手の結束は強くなりますが、そこに入らない選手は排除され、疎外感を持つようになり、やがてチームの結束は乱れ、戦うべき相手は

「外」であるにもかかわらず、「内」で戦うようになるのです。当然、勝てません。

そこで、野村は監督となってからも、派閥をつくらないことを心がけたといいます。選手と個人的に食事をすれば、誘われなかった選手は面白くありません。そうならないように、選手たちと個人的に食事することもせず、「あいつは野村派だ」と見られないようにしました。

政治家の後藤田正晴は「能力はあるがかわいげのない部下と、かわいげはあるが能力のない部下のどちらを選ぶかと言われれば、前者だ」と言っていましたが、本当の「適材適所」とはそういうことなのです。

WORDS OF KATSUYA NOMURA

24

「自分のために」でなく「チームのために」戦え

「チームのために」という
自己犠牲の精神と責任感を持てる人間こそが
チームリーダーにふさわしい。

▼『リーダーのための「人を見抜く」力』

同じような力量がありながら、管理職になった途端に成果に差が出ることがあります。ある経営者が「なぜだろう？何が違うのか？」と調べたところ、成果を上げる管理職には「私欲がなかった」のに対し、成果の出ない管理職には「私欲があった」といいます。

マネジャーの役目は「部下を通して成果を上げる」ことなのに、何でも自分でやろうとしたり、手柄を独り占めしようとしたりするようでは部下の信頼が得られず、部下をまとめきれないのです。

プロ野球では、何より実績がものを言います。では、実績さえ残していれば、それでチームのリーダーになれるのかというと、そうではないというのが野村克也の考え方です。いくら素晴らしい実績を上げていたとしても、もしその選手が「自分の成績さえ良ければ」という考え方で、「チームより個人成績」を重視するようでは周りの信頼を得られず、チームリーダーになることはできません。

チームリーダーというのは、日頃の練習態度からみんなの見本になるだけでなく、チームのために自分を犠牲にできる精神も必要なのです。強いチームにはこうした優れたチームリーダーが欠かせないというのが野村の組織論です。

WORDS OF KATSUYA NOMURA 25

チームワークを仲良しクラブと間違えるな

チームは「仲良し集団」になってはいけない。

▼『野村再生工場』

野村克也がチームづくりを行ううえで大切にしていたことの1つが「チーム優先主義」の徹底です。プロ野球選手の中にはチームの成績よりも自分の成績を重視する選手もいます。チームが負けても自分の成績さえ良ければ満足するのです。

しかし、これでは「強いチーム」にはなりません。野村によると「自分が打つことがチームのためになる」ではなく、「チームが勝つためには自分は何をすれば良いのか」と考えてこそ、チームは強くなるというのです。かといって「仲良し集団」になってはダメだというのも野村の考え方です。

ある弱いチームでは、ミスをした選手がベンチに帰ってくると、他の選手が「ドンマイ」と言って元気づけようとしました。野村によると、それは「単なる傷のなめ合い」であり、「戦うプロの集団」がやることではありません。

V9時代の巨人は、みんなが「チームのため」に一丸となっていましたが、同時にまずいプレーをすると、味方からも激しいヤジが飛んだといいます。

チームワークは、時に「仲良し集団」と勘違いされることがありますが、本当のチームワークはみんなが切磋琢磨《せっさたくま》し合う、厳しいものでもあるのです。

WORDS
OF
KATSUYA
NOMURA

26

「有形の力」で劣る弱者は「無形の力」を磨き抜け

弱いチームが強いチームと
同じことをやっていたら
絶対勝てないのに、
選手って意外と気付かない。

▼『Number』

野村克也が最初に監督となった南海は名門ですが、前年の成績は最下位でした。野村は「どうすれば強いチームになるか？」と考えた末に、元大リーガーで南海で同僚だったこともあるドン・ブレイザーをヘッドコーチとして招聘《しょうへい》します。

ブレイザーの考える野球は「頭のスポーツ」です。野村とブレイザーは、戦力の劣る南海に「シンキング・ベースボール」を植えつけることで、4年目には見事にリーグ優勝を果たしました。以来、野村はこう考えるようになります。

「チームとして頭を使えば、たとえ戦力は劣っていても十分に戦える」

野村によると、弱いチームが強いチームと同じことをやっていたら、絶対に勝つことはできません。勝つためには、あらゆるデータを収集し分析して、相手を研究するなど「考える力」を鍛える必要があります。技術力が「有形の力」とすれば、こうした「無形の力」を磨いてこそ弱いチームは勝てる、というのが野村の考え方です。

弱者や持たざる者が強者や持てる者に勝つのは簡単ではありません。勝つためには、彼らを上回る努力や創意工夫など「無形の力」を磨き、総動員することが大切なのです。

WORDS
OF
KATSUYA
NOMURA

27

「監督さえ代えれば」はただの錯覚である

監督は魔術師ではない。
戦力のないチームを
采配《さいはい》だけで勝たせることはできない。

▼『監督の器』

野村克也は通算24年にわたって監督を務め、5回のリーグ優勝と3回の日本一を達成、チームをAクラスに導いたのは優勝を含め12回、通算勝利数も1565勝（第5位）と見事な成績を収めています。

では、名監督さえ迎えればチームは強くなるのでしょうか？　野村の答えは「ノー」です。理由は「監督は魔術師ではない」からです。野村によると、いくら「野村再生工場」と言われても、四番バッターとエースを「再生」によってつくることはできません。中心なきチームは弱いものです。中心となる選手をドラフトで獲れるかどうかは球団の編成部門の力次第ですし、「チームはリーダー（オーナー）の力量以上に伸びることはない」というのも事実です。

つまり、強いチームはたった1人の監督によってできるわけではなく、球団一丸となっての取り組みが不可欠なのです。にもかかわらず、こうした自覚のない球団に限って「監督さえ代えれば強くなる」という錯覚を抱いているので、監督を代えて結果が出ないと、また監督を代えるという悪循環に陥ることになるのです。強い組織をつくるためには、ある程度の時間と、「全員が変わらなければ」という本気の覚悟が必要なのです。

WORDS OF KATSUYA NOMURA

第四章

結果を出す技術

WORDS OF KATSUYA NOMURA

28

常に「ライバルの上」を行く努力を

殴った人間っていうのはそれを忘れても、殴られた方は痛みを忘れない。

▼『「本当の才能」の引き出し方』

「現状維持は後退と同じ」という言葉がありますが、競争の激しいプロ野球の世界では、現状に満足すると、後退どころかあっという間に置いていかれます。

野村克也は、プロの世界に入って4年目に30本塁打を放ち、パリーグのホームラン王となります。「これでプロでやっていける」と喜び、自信を持ちました。

ところが、5年目、6年目と野村の成績は下降、4年目に3割を超えた打率も2割5分ちょっとに落ちてしまったのです。「もっと練習をしなければ」と考えた野村は毎晩、必死に素振りを続けますが、成績は上がりません。そんな野村に1人の先輩が「野村よぉ、殴った人間っていうのはそれを忘れても、殴られた方は痛みを忘れないもんだぞ」と声をかけたのです。

「殴った人間」というのは野村のことです。「殴られた方」の相手チームは、野村を徹底的に研究して対策を練ったため、野村が以前ほど打てなくなったのは当然のことでした。

成績を上げるためには「相手の上」を行かなければなりません。野村が、のちの「ID野球」につながる「配球を読む」ことの大切さに気付いたのは、この時でした。

WORDS OF KATSUYA NOMURA 29

「正しい努力」は裏切らない

「努力は裏切らない」はよく聞く言葉だが、それは「正しい努力」であることが絶対条件だ。

▼『「本当の才能」の引き出し方』

よく「努力は裏切らない」と言います。

たしかに努力の先には素晴らしい結果があるわけですが、一方、どんなに努力をしても思うような成果が上がらず悩んでいる人がいるのも事実です。

その理由は、野村克也によると、努力には「正しい努力」と「間違った努力」があり、後者をいくら続けても力は伸びないし、結果も出ないからです。

二軍時代の野村は、遠投を苦手にしていました。足の速さと肩の強さは天性のもので鍛えても伸びませんが、体全体を使う遠投は努力すれば距離が伸びると聞いていた野村はコツコツと練習を続けましたが、思うようにいきませんでした。

そんなある日、先輩とのキャッチボールでボールの握り方を注意されました。野村のそれまでの握り方で投げたボールが微妙に変化するのに対し、正しい握り方に変えるとボールが遠くまで伸びるようになったのです。

つまり、それまでの野村の努力は「間違った努力」だったのに対し、「正しい努力」を始めると、一気に結果が出るようになったのです。楽をして成果が出ることはありませんが、正しい努力を続ければ、それだけ成果に近づくことができるのです。

WORDS OF KATSUYA NOMURA 30

常に「これは正しい努力か」自問自答せよ

「どういう才能がどの程度あるか」によって「才能」×「努力」＝「結果」の数値が変わってくる。

▼『なぜか結果を出す人の理由』

成功するための条件などを、方程式を使って表す人がいます。京セラの創業者・稲盛和夫は「人生・仕事の結果＝考え方×熱意×能力」という方程式を使い、「プラスの考え方」をしてこそ熱意も能力も生きてくると説いていました。

　野村克也が使う方程式は「才能×努力＝結果」というものです。例えば才能が10の人が2の努力をすれば結果は20となります。同様に才能が5しかない人は倍の4の努力をすれば同じ20となり、10の努力ができれば50となります。つまり、才能は半分でも5倍の努力ができれば、10の才能の人の2.5倍の結果を残せるということです。

　但し、ここで大切なのが前項でも触れたように、努力には「正しい努力」と「正しくない努力」があり、正しい努力をすれば結果が「プラス」になるのに対し、そうでないと結果も「マイナス」になるということです。人は時に努力の方向を間違えることもあるため、努力をしながら「これは果たして正しい努力なのか？」と自問自答する必要があると野村は考えていました。努力をしているのに結果が出ない時、考えるべきは「十分な努力をしているか？」に加え、「正しい努力をしているか？」なのです。

WORDS OF KATSUYA NOMURA

31

努力を続けてこそ飛躍の時が訪れる

努力に即効性はない。
だけどその努力を怠っていると、
基礎が身についていないから
結局空っぽのままだ。

▼『超二流』

大相撲の世界に「3年先の稽古」という言葉があります。稽古をしたからといって、すぐに結果が出るわけではありませんが、今、しっかり稽古をしているかどうかが3年先に現れるという意味です。

野村克也は、テスト生として南海に入団しています。テスト生が打撃練習をする機会は少ないうえ、当時はバッティングマシンもありませんでした。そのため野村は、合宿所でひたすら素振りを繰り返しますが、野村ほど徹底して素振りする選手はあまりいませんでした。

そんな野村に、先輩たちは「バットを振るだけで一軍になれるのなら、みんな一軍になってるよ」と、素振りをするよりも遊びに行こうと声をかけますが、野村はひたすらに素振りを続けました。

たしかに素振りをしたからといって、すぐに結果が出るわけではありません。「努力には即効性がない」からです。それでも続けていると、マメでびっしりの野村の手は二軍監督が「これがプロの手だ」と認めるほどとなり、やがて大輪の花を咲かせる選手へと成長したのです。

努力には即効性はありません。しかし、アスリートもビジネスパーソンも、努力を続けていると、ある日、大きく飛躍する時が訪れるものなのです。

WORDS OF KATSUYA NOMURA 32

「もっと遠くまで行ける」と信じろ

伸び悩んでいる選手はほとんどが「いわれなき自己限定」をしている。

▼『野村再生工場』

人間には悪い癖があって、自分で自分の限界を決めてしまう傾向があります。自分で勝手に「自分はこんなもの」と思いこみ、決してそれ以上を目指そうとはしないのです。

　野村克也によると、伸び悩んでいる選手のほとんどが「自分はこれで精一杯だ」「自分の力はここまでだ」という「自己限定」をしているといいます。その限界に根拠があれば良いのですが、実際にはちょっと壁にぶつかって、「自分はこんなものだ」と諦めて、それ以上の能力があるかどうか挑戦しようともせずに「そこそこ頑張っているよ」と妥協し、満足しているのです。これが野村の言う「いわれなき自己限定」です。

　野村がやったのは、こうした選手に自信を持たせ、持っている能力をもう一歩引き出し生かすことでした。例えば、肘を壊してかつてのスピードが出なくなり、「まあ、こんなものか」と思っている投手もコントロールの大切さに気付けば、「今の自分」を超えていけます。

　自分で自分に限界をつくってしまうと「その先」へ行けなくなってしまいますが、「もっと行ける」と信じれば、努力もできるし、実際にもっと遠くへ行くこともできるのです。

WORDS OF KATSUYA NOMURA 33

「これで大丈夫」が成長を妨げる

一流になる人は、絶対、満足しない。
ここが、一流と二流の大きな違いでもある。

▼『リーダーのための「人を見抜く」力』

どんなに一流の評価を得ても、そこに安住できないのがアスリートの世界です。巨人を経てニューヨーク・ヤンキースなどで活躍した松井秀喜は、ヤンキースで3年連続100打点を記録して迎えた4年目、「チャンスに強い選手として評価が定まる時が来ているのでは?」と記者から質問され、「これで大丈夫と思った時が、終わりの始まりなんですよ」と答えています。

野村克也は、プロ野球の世界に入ってくる選手を「超一流」「一流」「超二流」「二流」の4つに分類しています。「二流」というのは、良い素質を持っているのに、「自分の実力はこの程度だ」「これくらい練習しておけば良いだろう」という自己限定、自己満足をして努力を怠るため、一流どころか、超二流にもなれない選手です。「一流」と「二流」とを分けるのが、この自己限定、自己満足です。

野村によると「一流」になる人は、決して現状に満足せず、常に「もっとうまく!」を追い求めるタイプであり、だからこそ努力もするし、成長することもできるのです。その上、「これで大丈夫は終わりの始まり」と言えてこそ超一流になれるのです。ビジネスでもスポーツでも「安心」「安住」が一番の大敵なのです。

WORDS OF KATSUYA NOMURA 34

まずは小さな「一芸」を磨いてみる

一芸で得た「自分はできる」という自信が、
別の道でも自分を磨く時の余裕となる。

▼『番狂わせの起こし方』

「一芸は道に通ずる」という諺《ことわざ》があります。1つの芸道について奥義を究めた人は、他の分野にも通じる道理を身につけているという意味です。

野球選手には、ミート力・長打力・走力・守備力・送球力などが求められますが、そのすべてを兼ね備えた選手はそういるものではありません。

野村克也は、最初は「一芸」だけでも、努力を重ねることで他の芸も身につけ、一流のプロとなっていく選手を何人も見てきました。例えば、ヤクルトの監督時代に入団してきた宮本慎也は、ショートとしての守りは抜群でしたが、打つことに関しては編成部門が「バッティングに目をつぶってくれるなら、良い選手がいる」と言うくらいのレベルでした。野村は「守備の要」として宮本を積極的に使っていきますが、やがて宮本はバッティングでも力をつけ、2000本安打を記録するほどの選手へと成長したのです。

一芸に秀でるほどの人は、他の芸を身につけるだけの努力もできるし、才能も持っているものです。「自分には何もない」と言う人は、まずは小さなことでも一芸を磨いてみてはいかがでしょうか。ささやかな一芸も、必ずや他の芸への自信となるのです。

WORDS OF KATSUYA NOMURA

35

短所を克服してこそ長所が生きてくる

長所を伸ばすためには短所を鍛えろ。

▼『なぜか結果を出す人の理由』

ビジネスの世界でよく言われるのは、「長所を思い切り伸ばせ」ですが、野村克也の考え方は「長所を伸ばすためには、短所を鍛えろ」です。

たしかに、プロ野球の世界ではその通りです。勝負の世界では、ライバルは相手を徹底的に研究したうえで、相手の弱いところを攻めるのが常道ですから、弱いところをそのままにして成果を上げ続けることは難しいと言えます。

南海時代の野村も、一軍に上がった頃は、カーブがまったく打てないという弱点がありました。「野村はカーブが打てない」となれば、相手はカーブを多投します。結果、得意のストレートまで打てなくなった野村は、カーブを打つ努力を重ねることで、数々のタイトルを獲得する選手へと成長したのです。

同様に、短所を鍛えることで飛躍したのが、日本代表の監督も務める稲葉篤紀《あつのり》です。稲葉は、外野手としては肩が弱いという弱点を、一歩でも早く打球に向かい、素早く投げるトレーニングを続けることで補いレギュラーに定着、２０００本安打を打つほどの選手に成長したのです。

長所をさらに伸ばすためにも、短所の矯正を根気よく続けることが大切なのです。

WORDS OF KATSUYA NOMURA

36

「知っている」より「やっている」を

努力は裏切らないと多くの人が知っている。
だけどやる人は少ない。

▼『野球と人生』

本を読んだり、講演を聞いたりした時に、「これは知っているぞ」と思うことがあります。たしかにそれも大切なことですが、「知っている」が「やっている」になってこそ、実戦での力となるのです。

野村克也は、南海にテスト生として入団して以来、「何とか一軍に」という思いで懸命の努力を続け、レギュラーの座を勝ち取っています。

例えば、練習後の夜の素振りは野村の日課でした。キャンプインした当初は、たくさんの選手が一緒に素振りをしていましたが、日が経つにつれてその数は減り、キャンプが終わる頃にはせいぜい2、3人となっていました。

レギュラーとなった野村は、4年目に3割30本塁打を記録しますが、翌年から打率が2割5分ちょっとに低迷します。相手チームの研究が進み、打てなくなったのです。そこで、野村は「相手の球種を読む」努力を続け、3年後には再び3割30本近い記録を残しています。

これほどに球種を読むことは効果があるわけですが、野村によるとほとんどの選手は「たいてい3試合ほどであきらめてしまう」といいます。

努力の大切さはみんなが知っていても、「やる人は少ない」ものなのです。

WORDS OF KATSUYA NOMURA 37

才能は生き方で決まる

才能ある人間も、多くは脱落していく。
努力するよりも楽な道を選んで
成長しなくなる。

▼『番狂わせの起こし方』

「才能なんて、その後の生き方次第で変わってしまう」とは、天才サッカー選手ドラガン・ストイコビッチの言葉です。才能に加えて厳しいトレーニングや規則正しい生活ができてこそ、才能は開花するという意味です。

プロ野球に入るほどの選手は、ほとんどが子どもの頃から、その地方では圧倒的な力を発揮しています。当然、才能はあります。それでも野村克也によると、プロに入った才能ある選手も、多くは脱落していくといいます。理由は「努力するよりも楽な道を選んで、成長しなくなる」からです。

人間というのは本来、楽な方を選ぶ傾向があります。野村が大切だと言う「努力」にしても、野村自身が認めているように、努力には即効性がなく、何カ月も何年も努力を続けて初めて成果として現れるものです。それだけに、選手の中には「大事なのは才能だぞ」という理屈をつけて努力を怠る人もいます。

一旦、努力よりも楽な道を選んでしまうと、しんどい方に戻るのはほぼ不可能です。結果、せっかくの才能をダメにする人がいるというのが野村の見方です。

才能は大事ですが、才能は生き方で決まるというのも、また事実です。

WORDS OF KATSUYA NOMURA

38

「守破離《しゅはり》」を経て人はオリジナルを手にする

お手本を模倣する中からしかオリジナルは生まれない。

▼『リーダーのための「人を見抜く」力』

芸事や武道の世界には「守破離」という考え方があります。修業における段階を示したもので、「守」は師匠や流派の教えを忠実に守り身につける段階、「破」は他の教えなどについても良いものを取り入れ発展させる段階、「離」は自分独自のものを確立する段階です。

プロ野球の世界でも同じです。野村克也によると、一流の選手になればなるほど、他の優れた選手の技術に関心を持ち、良いものを取り入れようという意識が強いといいます。

オールスター戦に野村が初めて出場した時、パ・リーグを代表する打者である山内一弘は、のちに巨人監督となる大打者・川上哲治について、野村を質問攻めにしました。そこにあったのは、川上の技術を少しでも学びたい、身につけたいという強い関心でした。

野村によると、どんなバッターも、どんなピッチャーも、最初は人の優れた技術を真似して、自分であれこれ試行錯誤する中から、自分なりの「型」のようなものができてくるのです。

圧倒的な「離」のレベルの選手でさえ、最初は「守」があり、さらにいろいろな選手の技術を見て学ぶ「破」があって、そこからオリジナルをつくり上げたのです。

WORDS OF KATSUYA NOMURA 39

明確な目標があるからこそ努力できる

目標を達成するために
「何をしなければならないのか」を考え、
課題に対して自ら真摯《しんし》に向き合える者だけが
一流になれる。

▼『野村再生工場』

今の若い人たちについてよく言われるのが「ハングリー精神の欠如」です。たしかに食べるものにも困るというようなな苦労はしていませんから、「目標をどう立てるか、選手自らに考えさせなければならない」と野村克也は言います。

野村は早くに父親を亡くし、兄と2人、母親に育てられています。大変な苦労をしているだけに、野村が野球選手を目指したのは「金を稼ぐため」でした。「貧乏生活から抜け出し、苦労して私を育ててくれた母と兄を楽にしてやりたい」と語る野村は、まさにハングリー精神の塊であり、だからこそ人の何倍も努力できたのです。

今の若い選手のほとんどは、野村ほどの苦労は経験していませんから、「食うに困る」というハングリー精神は望めません。だからこそ、野村は選手たちに「自分は何のために野球をやっているのか？」を問いかけ、考えさせます。はっきりとした目標ができれば、そこには「何が足りないのか？」も見えてきますし、「では、今から何をすれば良いか？」を考えることもできます。

目標を自ら考え、課題を見出し、そこに向かって真摯に努力できる者だけが一流になれる、というのが野村の考え方です。

WORDS OF KATSUYA NOMURA

第五章

成長する生き方

WORDS OF KATSUYA NOMURA

40

「感じる力」が考えさせ成長をもたらす

「感じる力」がないと、人は伸びていかない。

▼『リーダーのための「人を見抜く」力』

問題を前にした時、「問題に気付く人」もいれば、「問題に気付かない人」もいます。そして最も困るのが「問題に気付いても見て見ぬふりをする人」なのです。

野村克也は監督時代、選手たちがバッティング練習のためにベンチを出ていったタイミングで、ベンチの前に無造作にボールを1つ転がしておくことがありました。すると、ベンチに帰ってくる選手の反応は、次の3つに分けられました。

①まったく気付かない選手、②気付いてもボールをまたいでいく選手、③ボールを拾って元の場所に戻す選手――という3つです。このうち①と②の選手は「成長の見込みがあまりない選手」であり、③は①と②のタイプより「数段目配り、気配りでき、見込みがある選手」というのが野村の見立てです。

なぜ、そんなことが言えるのでしょうか？　理由はいろいろなことに「感じる力」のある選手は、誰に言われなくとも周りのことに関心を持ち、自分で考えるため、それが成長のきっかけになるのに対し、「感じる力」のない選手はそもそもいろいろなことに関心もなく、考えようともしないからです。「気付く力」「感じる力」こそが人に考えさせ、成長を促す原動力なのです。

WORDS OF KATSUYA NOMURA

41

自分で自分を評価するな、甘えが出る

自分に対する評価はどうしても甘くなる。
他人が下す評価こそが、
その人間の真の価値であり、評価なのだ。

▼『野村再生工場』

伊藤忠商事の元社長・丹羽宇一郎は新入社員時代、先輩から「自分で自分を評価するな」という、厳しい言葉を投げかけられました。

自分では100点と思っても、他人の評価はせいぜい70点くらいです。以来、丹羽は自分で自分を評価するのではなく、みんなが認めるまでがむしゃらに仕事をしようと決心したのです。

自分で自分を評価する人は「自分はよくやっている」と満足しがちです。そのため上司の評価が低いと、「何で分かってくれないんだ」と不満を覚え、やがては「いくらやっても分かってくれない」と、努力を投げ出すことになりかねません。

それは、プロ野球の世界も同様です。野村克也によると、自己評価はどうしても甘くなるため、周りの評価が低いと、つい「監督やコーチは分かっていない」「球団は俺を評価していない」という不満につながり、「まあ、この辺で良いか」と、安易に妥協するようになるといいます。

自己評価に比べ、他人の評価は厳しくなりがちですが、大切なのは「他人の評価こそが正しい」と謙虚に受け止め、「他人が下す評価こそが真の価値であり、評価である」と理解することです。そこから進歩が始まると、野村は言うのです。

WORDS OF KATSUYA NOMURA

42

失敗を「まあ、しょうがない」で済ませるな

心底、「恥ずかしい」と感じた人間は、次の策を練るものだ。

▼『番狂わせの起こし方』

「『まあ、しょうがない』と思うだけでは、しょうがないだけの選手で終わってしまう」とは、野村克也と同じく三冠王を獲得した落合博満の言葉です。落合は、凡打に終わって「まあ、しょうがない」と自分を慰めるのではなく、「どうして？」と原因を考えることこそが明日につながり、前進できると考えていました。

試合に負けても、凡打に終わっても「しょうがない」「ドンマイ」で済ませる選手は、そこで終わってしまいます。野村は、プロの選手に必要なのは「恥の意識」だと考えていました。プロとは、野球選手として当たり前のことを当たり前にする力を持つ者のことです。それができない選手は「プロ失格」であり、「恥ずかしい」と思えることが「プロの条件」だというのです。

なぜなら、試合で配球ミスをしたり、ボール球に手を出して三振をした時など、心底「恥ずかしい」と感じれば、「なぜあんな失敗を？」としつこいほどに振り返ることができ、その反省から「同じミスをしないためにはどうすれば良いのか？」という対策が生まれるからです。

失敗をして、「恥ずかしい」と感じること、そこから反省も対策も生まれ、成長へとつながっていくのです。

WORDS OF KATSUYA NOMURA

43

スタート地点を「ゴール」と勘違いするな

プロに入ってから
途端に伸びなくなることがある。
プロに入ることが
目的になってしまっているからだ。

▼『超二流』

本来、「スタート」であるはずのものが「ゴール」となってしまうのはよくあることです。例えば、受験勉強を経て大学に合格したとたんに、「もう勉強しなくて良いや」となる大学生などがその典型です。

野村克也によると、プロ野球の世界に入ってくる選手の中にも「プロになっただけで満足してしまう」選手がいて、こうした選手は往々にしてそこから伸びなくなってしまうといいます。プロに入るような選手はみな、何か「良いもの」を持っており、小さい頃からプロ野球選手を目指して頑張っています。

それだけに「プロになる」ことは「夢を叶えた」ことになるわけですが、そこで「プロになった自分は凄《すご》い」と満足するのではなく、そこを「スタート地点」として競争に臨む覚悟が大切だというのが野村の教えです。

成長していくうえでの大敵は「妥協」することであり、「満足」することです。自分を凄いと思い込むと、そこで成長は止まります。常に自分を客観的に見つめ、「まだまだ」と妥協せず謙虚に努力してこそ、人は成長し続けることができるのです。人生のゴールは、誰にとっても遥か先にあるのです。

WORDS OF KATSUYA NOMURA 44

小さな「習慣」の積み重ねが大きな成果となる

自分との戦いに負けてしまうか、
それを克服するか。
その1日1日の積み重ねが勝負を分ける。

▼『なぜか結果を出す人の理由』

人が成功するためには「良き習慣」が必要になりますが、何より大切なのは「良き習慣」を日々積み重ねることです。

野村克也は、「一流と呼ばれる結果を残した人たちは、努力を続けていくための習慣を身につけている」と言います。例えば、日本プロ野球界で最多安打記録を持つ張本勲《いさお》は「夜の素振りは俺の睡眠薬だ」と言うほど毎日、熱心に素振りを続けたといいます。

素振りは単純で、楽しいことではありませんから、人によっては「今日は疲れたからやめておくか」「面倒だし、昨日やったから今日は良いや」などとさぼる人もいますが、張本も野村もどんなに気乗りしなくてもやらない日はありませんでした。

人間というのは不思議なもので、「今日は疲れているからちょっとだけにしよう」といやいや始めたとしても、一度始めると、ついついいつものように続けてしまうというのです。そして、この「小事」の積み重ねこそがやがて大きな成果となって花開くのです。

成功するために「良き習慣」を身につけることが大切ですが、そのためには小さなことでも決していい加減にせず、コツコツと続けることが何より大切なのです。

WORDS OF KATSUYA NOMURA

45

普段の頑張りが協力者を呼び寄せる

「この人のために頑張ろう」と周囲に思われる人間か、そう思われない人間か、それによってその人自身の結果が変わってくる。

▼『なぜか結果を出す人の理由』

何かを成し遂げるためには、何より当人が懸命であることが不可欠です。一方、誰よりも頑張り続ける、熱意ある人の周りには「協力してやろう」という人たちが自然と集まってきます。

「マー君」ことヤンキースの田中将大《まさひろ》投手は、楽天時代にシーズン24勝0敗というとてつもない記録を打ち立てますが、楽天に入団した頃から、監督だった野村克也が「この子はなぜ負けないんだろう?」と感じる勝負強さを持っていました。野村によると、田中投手は投手としての素質はもちろんですが、日頃から野球に取り組む姿勢や行いが素晴らしく、チームのみんなから信頼されており、「マー君が投げる試合は絶対に勝とう」とみんなが一丸になるというのです。

反対に、力はあるのに「あいつが投げる時には、みんな打てないなあ」という投手もいるといいます。そうした選手はチーム内で少し浮いた存在で、みんなが「何が何でも」というムードにはなりにくいというのです。いじめでも故意でもありません。しかし、誰しも日頃から懸命に努力し、チームのために頑張る選手には、自然と応援したくなるものです。

日々の頑張りは、いざという時に援軍や協力者を増やす力となるのです。

WORDS OF KATSUYA NOMURA 46

お金は貯めるよりも使う方が難しい

金というのはいかに使おうが、「いつかは自分の人生に跳ね返ってくる」ものなのだ。

▼『番狂わせの起こし方』

フレンチの巨匠・三國清三《みくにきよみ》がヨーロッパでの修業時代に心がけたのは、貰ったお金を貯めるより学びに使うことでした。やがて帰国した三國はお金はありませんでしたが、料理の腕を信頼する人が支援者となり、店を出すことができたのです。

野村克也は、野球選手としてお金を稼げるようになった時、２つのことにお金を使うことを心がけたといいます。１つは「自己投資」であり、もう１つは「他人にお金を使う」ことでした。

自己投資というのは、例えば当時はテレビ放映もなかったアメリカの野球を見るために自費で渡米したことです。そこで野村は、当時の日本野球では信じられない戦術に出会い、その後の野球人生に大いに役立ったといいます。

他人にお金を使うというのは、当時、南海には最も稼いでいる人間がお金を払うという暗黙のルールがあり、野村はいつも率先して支払いをしていました。周りの選手はこうした行動を見ています。中心選手、リーダーは「ケチではダメ」というのが野村の考え方です。

お金は貯めるより使う方が難しいと言われますが、こうした野球への投資を惜しまなかったことが、監督としての通算１５６５勝につながったのです。

WORDS OF KATSUYA NOMURA

47

良き「ロールモデル」を持て

若手選手は、どの先輩の後ろ姿を
追いかけていくかによって、
その後の野球人生が決まってくる。

▼『リーダーのための「人を見抜く」力』

人生において「ロールモデル」（お手本となる人物）を持つことが大切だと言われます。これが若い人の成長に大きな影響を与えるからです。

野村克也は監督時代、選手とプライベートの付き合いはしませんでしたが、選手一人ひとりが誰と仲が良いのかは気にしていました。理由は、選手、特に若い選手は人生経験なども未熟なため、どの先輩を尊敬し、どんな仲間と付き合うかによって、その後の野球人生が変わってくることを知っていたからです。

野球の技術はもちろんのこと、野球に取り組む姿勢など、人間性もすぐれた先輩や仲間と付き合えば良い影響を受けますが、チームのことを考えず、「自分さえ打てれば良い」といった自己中心的な選手や、「今のままで十分だ」と現状に満足しきっているような選手と付き合っていると、その選手もいつの間にか同じような考え方をするようになります。

人は、尊敬できる先輩や仲間と一緒に働けば、少しずつでも成長できるのに対し、悪い仲間とつるむようになると、あっという間に人生のポールを滑り落ちていくことになります。人生において「良きロールモデル」を持てるかどうかはその後の人生を左右する一大事なのです。

WORDS OF KATSUYA NOMURA 48

「自分のため」より「みんなのため」を意識せよ

自分を支えてくれている周囲の人々を常に意識している人間は、とことん頑張り抜くことができる。

▼『リーダーのための「人を見抜く」力』

「自分のために頑張るよりも、みんなのために頑張る方が、たぶん強くなれる気がした」は、卓球の福原愛の言葉です。仲間を信じ、支え合ったことが、オリンピックでの2大会連続団体メダル獲得につながったのです。

野村克也は戦争で父親を亡くし、母親が女手一つで育ててくれたこともあり、母親や兄はもちろんのこと、高校時代の恩師など、自分を支えてくれた人たちへの感謝を忘れることはありませんでした。

人は1人で生きているわけではなく、みんなに支えられて生きているという思いからですが、それは野球も同様です。

田中将大《まさひろ》投手は楽天時代、野手がナイスプレーをすると、その選手の方に向かって感謝の拍手をし、その選手が戻ってくるまでベンチ前で待っていたといいます。

そこにあったのは、支えてくれる仲間への感謝です。自分のためだけに頑張る選手は、今一つ粘りに欠けるのに対し、周りに感謝の念を持つ選手は、その思いに応えようという気持ちがモチベーションとなって、とことん頑張り抜くことができるというのが野村の考えです。「自分のため」の頑張りには限界がありますが、そこに「みんなのため」が加わると、とても大きな力となるのです。

WORDS OF KATSUYA NOMURA

49

「成功」を語るな、「失敗」に目を向けろ

人は放っておくと
過去の成功ばかりに目が行きがちだ。

▼『番狂わせの起こし方』

ビジネスのセオリーは「バッド・ニュース・ファースト」（悪いニュースは最初に）ですが、たいていの人にとって、悪いニュースはあまり話したいものではありません。自分のしたミスや失敗よりも、うまくいったことの方を話したいというのが人間の常ではないでしょうか。

勝負の世界でも、同様に、失敗に目を向けなければならないと野村克也は考えていました。「勝ちに不思議の勝ちあり、負けに不思議の負けなし」は野村の有名な言葉です。勝負事における勝利は、時に運が味方して勝つこともありますが、負ける時には必ず自分たちに理由があるのです。

勝った試合、成功した過去ばかりに目を向けて、「あれが良かった、これが良かった」と分析してもあまり意味はありません。それに対して失敗を振り返るのは嫌なものですが、「なぜ、うまくいかなかったのか？」をきちんと分析すれば、「ここを直せばもっと良くなる」というヒントを得ることができます。

人は放っておくと、過去の成功ばかりに目が行きがちですが、辛《つら》い失敗にきちんと目を向けてこそ人は成長できるし、組織も強くなることができるのです。

WORDS OF KATSUYA NOMURA

50

良きライバルこそが人を成長させる

互いに研究し、相手の上を行こうとする。こうしたイタチごっことも言える切磋琢磨《せっさたくま》が、私自身に何事にも代えがたい財産をもたらしてくれた。

▼『野球と人生』

人が成長するうえで、欠かすことができないのが良きライバルです。野村克也にとってのライバルの1人が、シーズン歴代最多42勝、通算276勝という記録を持つ西鉄の稲尾和久投手でした。稲尾投手は投球も一流なら、次の投手にマウンドを譲る時はマウンドを丁寧にならすなど、日頃の態度も一流でした。

レギュラーに定着し、本塁打王も獲得した野村はある日、監督の鶴岡一人《かずと》から「お前は二流は打つけど、一流は打てんのぅ」と言われます。「一流」というのが稲尾のことです。

野村は研究の結果、ボールの握りでシュートとスライダーの違いが分かるようになり、稲尾投手を3割近く打てるようになりました。しかし、稲尾投手も対策を考えるようになり、以後は打ったり抑えられたりを繰り返すようになります。

片時も休まらない大変な世界ですが、野村によると稲尾投手との切磋琢磨こそが、何事にも代えがたい財産をもたらしてくれたといいます。

「平時において友に値する者だけを、戦時において敵とするべきだ」は新渡戸《にとべ》稲造《いなぞう》の『武士道』に出てくる言葉ですが、良きライバルというのは尊敬に値する、そして自らを高めてくれる存在なのです。

WORDS OF KATSUYA NOMURA

51

責任は「外」ではなく「内」に求めよ

一流の証明は弁解をしないこと。
二流は、いつも責任を他人に押し付ける。

▼『野球と人生』

ものごとがうまくいかない時、その原因を「自分の内」に求めるか、それとも「自分の外」に求めるかで、その結果は大きく変わってきます。

　商談に失敗した営業社員は、しばしば「景気が悪い」など「自分の外」に原因を求めますが、こんな言い訳をしたところで状況が好転することはありません。「責任は自分にある」と考えてこそ、正しい対策を考えることができるのです。

　野村克也によると、選手がミスや失敗をした時、「だって」「調子が悪かった」「俺のせいじゃない」と弁解をするのは責任転嫁であり、責任を認めようとしない選手は反省することもなければ、自己改革に取り組むこともありません。

　たしかに相手がある以上、相手が凄《すご》く調子が良いこともあるでしょうし、味方がエラーなどをすることもあるでしょうが、ミスや失敗の責任を自分以外に押しつけるばかりでは自分が成長することはありません。そこに一流と二流の決定的な差があります。二流はいつも他人に責任を転嫁するのに対し、一流は決して弁解せず、失敗やミスを反省材料にして、さらなる向上を目指します。

　成長には、自分の弱さ、足りない部分を認める強さが必要なのです。

WORDS OF KATSUYA NOMURA

52

懸命に努力しろ、きっと誰かが見ている

見ている人は見ているものだ。

▼『監督の器』

野村克也には「人生の師」と呼べる人がいました。その1人が評論家として活躍した草柳大蔵《くさやなぎだいぞう》です。現役を引退した野村のもとには、講演などの依頼がたくさん来ます。しかし、野球一筋の野村には、自分が大企業の経営者を前に、何を話をしたら良いのかという不安がありました。

そんな野村に「言葉は大事」とたくさんの本を読むことを勧め、野球の話だけをすれば良いとアドバイスをしたのが草柳です。さらに草柳は、野村に「見ている人は見ているよ。仕事は絶対に手を抜いたらダメだ。全知全能を使ってベストを尽くしなさい。必ず誰かが見ているから」ともアドバイスしました。

以来、野村はたくさんの本を読み、野球解説にも新境地を開きますが、そんな野村を見て「監督になってほしい」と依頼したのが、ヤクルトの相馬《そうま》和夫球団社長でした。監督は球団OBからという当時の常識からすると異例の要請でしたが、その理由が野村の仕事ぶりを見ていたからだと知った野村は、改めて草柳の言葉をかみしめたといいます。

一生懸命、地道に取り組んでいれば、必ずその努力を見ている人がいて、いつか認められるものだ、というのが野村の経験からの言葉です。

WORDS OF KATSUYA NOMURA

53

ためらうな、変わることは進歩である

変わることに年齢の壁はない。
人間はいくつになっても
自分を変えることができる。

▼『野球と人生』

年をとると人は頑固になる、と言われています。特にある程度の成功を収めた人であればあるほど、変わるのは難しいものです。監督として、たくさんの選手が「変わる」ことを手助けしてきた野村克也は、「変わることに年齢の壁はない。その気になれば、人間はいくつになっても自分を変えることができる」と言い切っています。

例えば、広島カープでクリーンナップを任されていた小早川毅彦《たけひこ》が、現役続行のためヤクルトに移籍したのはプロ14年目、36歳の時ですし、元ホームラン王の山崎武司が楽天で野村と出会ったのはプロ18年目、38歳の時です。共にプロ野球選手としては晩年と言える時期ですが、そこで野村からのアドバイスを得て、見事な復活を遂げています。

2人とも過去に輝かしい成績を残している選手だけに、当初は変わることに抵抗もあったはずですが、野村の「変わることは進歩であり、成熟することである。変わることは失うことではなく、何かを得ることだ」という言葉に背中を押され、見事な変身を遂げています。

人はいくつになっても変わることができる。そう考えるだけで、人生は有意義なものとなるのです。

WORDS OF KATSUYA NOMURA

54

人生には「3人の友」がいれば良い

自分を慰め、
寄り添ってくれるような友は、
1人いれば十分なのかもしれない。

▼『番狂わせの起こし方』

SNSなどが発達したお陰で、「友だちの多さ」を自慢したがる人が増えてきましたが、野村克也はたくさんの友より本当の友を持つべきだと考えていました。

野村によると「人間は3人の友を持てば人生が幸福になる」といいます。1人目が「人生の師となる友」。2人目が「原理原則を教えてくれる友」。そして3人目が「直言してくれる友」で、野村にとっては、妻である野村沙知代が耳に痛いことも言ってくれる「直言してくれる友」でした。

野村ほどのキャリアや知名度があれば、プロ野球の世界だけでも数え切れないほどの「友」がいても不思議ではありませんが、野村にとって「友」と呼べるほどの関係になったのは、南海時代にバッテリーを組んでいた杉浦忠だけで、稲尾和久や長嶋茂雄たちは「友」というよりは「ライバル」でした。こうも話しています。

「自分を慰め、寄り添ってくれるような友は、1人いれば十分なのかもしれない。あとは互いを切磋琢磨《せっさたくま》できる、しのぎを削り合うような友の方が自分を伸ばしてくれる」

「お友だち組閣」では強いチームはつくれないというのが野村の考え方でした。

WORDS OF KATSUYA NOMURA 55

まず自分で自分を信じろ

自らを信じて、信念を持って続けていれば、必ず誰かが支えてくれる。

▼『番狂わせの起こし方』

野村克也は、早くからプロ野球選手になることを夢見ていましたが、家は貧しく、母親からは高校進学を諦めるように言われました。しかし、兄が「私は大学に行かずに就職する。克也を高校に行かせてやってくれ」と言ってくれたお陰で、野球を続けることができました。

そして高校では、野球部の部長になった清水義一先生が支え続けてくれたといいます。

また、ヤクルトの監督となってからは、1年目2年目に思うような結果を残せず、他の役員から非難されましたが、役員会で「3年目を見て欲しい」と、野村を監督に招聘《しょうへい》した球団社長の相馬《そうま》和夫が周囲を説得してくれたのです。その結果が、3年目の優勝でした。

節目節目でこうした人たちの支えがあったからこそ、野球人として大成できたというのが野村の正直な気持ちです。人が1人でできることには限りがありますが、それでも諦めることなく自分を信じ、信念を持って進めば、きっと誰かがその頑張りを認め、支えてくれるものなのです。

人生で大切なのは「自分で自分を信じる」ことと、「ひたむきに努力し続ける」ことです。その姿を見て、人は「支えよう」という気持ちになるのです。

WORDS OF KATSUYA NOMURA

第六章

天才を超える戦略

WORDS OF KATSUYA NOMURA 56

自分で考えろ、固定観念は悪である

「これさえあれば間違いない」「みなが使っているから」。そんな安直な判断ではなく、目で見て、触って、自らの頭で判断することが肝要だ。

▼『番狂わせの起こし方』

世の中にはさまざまな「定説」がありますが、「定説」だからすべてが正しいとは限りません。

テスト生で南海に入団した野村克也は、当初「バットの良し悪し」などまるで分かりませんでした。しかし、ブルペンキャッチャーをやりながら先輩たちのバットを見るうちに、長距離バッターはグリップの細いバットを使い、グリップの太いバットはミート中心のバッター向きだと言われていることを知りました。

野村はグリップの細いバットを使い始めますが、細いバットは芯を外すとすぐに折れてしまいます。まだお金のない野村は困り、仕方なくロッカーに置いてあった他人のグリップの太いバットを使ったところ、とても振りやすく、練習でも面白いように打てたのです。以来、野村は定説とは逆のグリップの太いバットを使い続け、生涯に657本もの本塁打を打つ大打者へと成長したのです。

大切なのは「これさえあれば間違いない」「みんなが使っているから」という安直な判断をせず、自分の目で見て、触って、自分で判断することです。

固定観念が強すぎると、柔軟なものの見方ができなくなります。時に定説を疑う姿勢も求められるのです。

WORDS OF KATSUYA NOMURA 57

予備知識の豊富さが説得力を生む

予備知識は「重い」ほどいい。
先入観は「軽い」ほどいい。

▼『「本当の才能」の引き出し方』

話し方や自己啓発の先駆者デール・カーネギーによると、スピーチの準備に必要なのは「１００集めて、90を捨てるその心意気」にあるといいます。テーマについて、実際に使う情報の10倍以上の情報を持つ人は、それが余力となり、迫力、熱意、説得力に変わるというのです。

野村克也は45歳で現役を引退したのち、たくさんの講演の依頼を受けますが、当初は何を話して良いか困ることもあったといいます。そんな野村に、生涯の師となる評論家の草柳大蔵《くさやなぎだいぞう》は何冊もの本を手渡し、「まずは本を読んだうえで、これまで経験してきた野球のことだけ話しなさい」とアドバイスしました。

同じ野球の話をするにしても、「良き本に書かれた原理原則」を踏まえたうえで野球の話をすれば、経営者などにも伝わり役に立つ話になるというのです。以来、野村はたくさんの本を読むようになりますが、その努力が野球解説だけでなく監督としても「多くの人に伝わる言葉」につながっていったのです。

たっぷりの情報を集めたからといって、そのすべてが使えるわけではありません。しかし、それがあるかないかで、判断の精度や話の説得力は大きく変わるのです。

WORDS OF KATSUYA NOMURA 58

「真因」を潰してこそ問題は解決できる

不調に陥ったら、技術のみを振り返っては見誤る。3つの側面から原因を究明すべきなのだ。

▼『番狂わせの起こし方』

ビジネスの現場で問題を解決しようとする時、最も大切なのは本当の原因、つまり「真因」を探して、それを潰すことです。間違った原因に対策を打っても決して解決することはないからです。

野村克也によると、選手が不調に陥った時、ありがちな間違いの1つが「技術的な問題」にばかり目を向けてしまうことだといいます。例えば、打撃不振になると「フォームが悪いのでは？」と悩み、コーチだけでなく記者にまで意見を求め、迷った挙句、フォームが崩れ、自信喪失に陥るという悪循環に入ってしまいます。

こんな時本来は、3つの側面から検討することが必要だといいます。1つ目は先ほどの「技術的な問題」です。2つ目は「相手が変化した」、つまり相手チームの研究が進み、攻め方が変わったことで打てなくなるケースです。そして3つ目は「肉体疲労」です。このように、不振の原因はいくつもあるにもかかわらず、「悪いのは技術だ」と思いこんでしまうと間違った対策を取り、不振はさらに長引くことになります。

問題が起きたり、不振に陥った時、大切なのは真因を探ることです。真因に手を打つことで初めて問題は解決し、不振から脱却できるのです。

WORDS OF KATSUYA NOMURA

59

ひらめきは考え続ける日々に突然訪れる

ひらめきとは、それまで蓄積した知恵が必要なタイミングで溢れ出たものなのだ。

▼『番狂わせの起こし方』

文章を考えるのに最も適した場所として挙げられるのが「三上《さんじょう》」です。「三上」というのは、馬上、枕上《ちんじょう》、厠上《しじょう》、つまり馬に乗っている時、寝床に入っている時、トイレに入っている時ということです。

たしかにトイレでひらめいたという話はよく聞きますが、ではトイレに入りさえすればひらめきが生まれるかというと、もちろんそうではありません。懸命に何かを考え続けている人が、部屋を出て、トイレなど関係ない場所に移った時、たまたまひらめきが訪れるだけなのです。

野村克也も、ひらめきは何もないところから突然降ってくるわけではなく、それ以前に研究に研究を重ね、とことん準備をすることで蓄積された、たくさんの知識の中から「必要な時にタイミング良く訪れる」のがひらめきだと考えていました。実際、野村は四六時中相手投手の配球や敵将の守り方などを考え続けていましたし、「考える、観察する、確かめる」ことを日常にしていました。

ひらめきは、何もないところに生まれることはありません。一つひとつ石を積み上げていくような日々を経て、思いがけない時に突如として訪れるものなのです。

WORDS OF KATSUYA NOMURA 60

見る力考える力が「現地現物」を活かす

本を読んでも知恵や教養は身につく。
しかし、直接見て、触れた「経験」から
学び取る情報や気づきには
やはりかなわないものがある。

▼『「本当の才能」の引き出し方』

ものづくりの世界に「現地現物」とか、「現場現物現実」という言葉があります。いずれも「机上で議論するのではなく、現地に足を運び、実際にものを見ながら議論せよと」いう教えです。

野村克也は監督を離れ、解説者となってからも、キャンプシーズンには南は沖縄まで足を運んで、現地で練習を見ることを常としていました。それは高齢になってからも変わることはありませんでした。理由は、現地に行って直接見る情報や気付きは何物にもかえがたいからです。

だからこそ、野村はいくつになっても「志願して」キャンプ巡りを続けたわけですが、その一方で野村は「とにかく現場へ行けばいい」という「現場至上主義者」ではありませんでした。何でもそうですが、ただ漫然とものを見ているだけでは、何の気付きも生まれません。

同じものを見ても、人によって「見え方」に違いがあるように、野村は「見て、気付いて、考える」ことで、現場から多くのことを学び取ることができたのです。

現場に足を運ぶのはとても大切なことですが、それを生かすも殺すも「見て感じる力」次第なのです。

WORDS OF KATSUYA NOMURA

61

平等な時間をどう使うかが将来の差となる

24時間を「いかに有効に使うか」ということを考えて行動しなければ勝ち残れない。

▼『なぜか結果を出す人の理由』

「追いつけない部分は、私生活の中で補うしかない」は、長くサッカーの日本代表として活躍した中澤佑二の言葉です。

野村克也も、南海にテスト生で入団した時、同じことを考えました。一軍選手はもちろんですが、同期の新人の多くは甲子園や大学野球、社会人野球で活躍した人です。スタート時点で既に差がついている自分が、どうすれば彼らに追いつき追い越すことができるかと考えた時、野村の答えは「グラウンド以外でやることが勝敗を分ける」でした。

野村も他の選手も、グラウンドでやることは同じです。既に差がある彼らと同じことをやっていては永遠に追いつけません。追いつくためには自分に与えられている時間を有効に使い、個人的に力をつけていくことが不可欠でした。

例えば、野村は配球の研究をコツコツと続けましたが、ほとんどの選手はすぐにやめてしまいました。根気のいる作業だったからです。

与えられた時間を、酒を飲んで楽しく過ごす人もいれば、コツコツと努力を重ねる人もいます。こうした時間の使い方の違いこそが「将来の差」となるのです。

WORDS OF KATSUYA NOMURA

62

改善は景気の良い時にやれ

肉体には衰えが必定だが、投球術には限界がない。ただ、大方の投手は力のある、まだ若い時分にはせせら笑って見向きもしない。

▼『負けに不思議の負けなし』

「改善は景気の良い時にやれ」というビジネスの鉄則があります。景気が悪くなってからできることは限られますが、景気の良い時はいろいろ試行錯誤ができるという意味です。

野村克也によると、若くてスピードボールに自信のある投手は、コントロールなどあまり気にしなくても、力だけで相手をねじ伏せることができるだけに、投手に必要なコントロール（狙ったところに投げられる技術）や、打者の心理を読んだ投球術を、軽んじて見向きもしない傾向があります。

しかし、どんな投手にも、かつてほどのスピードボールが投げられない時がやってきます。すると、こうした投手も慌ててコントロールや投球術を身につけようとし始めますが、「下り坂に差しかかってからでは遅い」というのが野村の考え方です。

若い時から凄《すご》いボールを投げていた江夏豊や稲尾和久は、速球派でありながら、相手の心理を読み、打者の裏を欠くのが大好きで、だからこそ長くプロで活躍できたのです。

力が衰えてからさまざまな技術を身につけようとしても限界があります。力のある時に努力してこそ、長く活躍できるのです。

WORDS OF KATSUYA NOMURA 63

「みる」には「見る」と「観る」がある

相手の動きを実際に「見る」のはもちろん、相手の心の動きまでも「観る」ことが大事だ。

▼『「本当の才能」の引き出し方』

野村克也は、キャッチャーというポジションには「人をみる目」が欠かせないと言います。守備の時に、他の8人と違い、なぜ1人だけバックスクリーンの方を向いているかというと、目の前のバッターはもちろんのこと、ランナーや自分のチームの守備位置などをしっかりと「みる」ためです。

しかも、「みる」は漠然と「見る」のではなく、「観察して、洞察して、分析する」という極めて深い「観る」が求められます。

野村は、キャッチャーの「みる」を宮本武蔵の※「観見《かんけん》二眼」に例えています。

相手の動きを実際に目で「見る」のはもちろんのこと、相手の心の動きまでも「観る」ことができて、初めてピッチャーに対して的確な配球が指示できるというのです。

ホンダの創業者・本田宗一郎も、ものをみる時には「見学の見る」ではなく、「観察の観る」でなければならないと話していましたが、「同じもの」をみても、その捉え方や感じ方が大きく異なるのは、単に表面を見るだけの人なのか、強い問題意識や深い洞察力を持って観る人かどうかで違ってくるからです。

※観見二眼…宮本武蔵「五輪書」水の巻にある言葉。宮本は、対象に集中する「見の目」と、全体を眺める「観の目」の使い分けの大切さを語る。

WORDS OF KATSUYA NOMURA

64

「人事を尽くしたか」を自らに問え

自分は本当に人事を尽くし、考えられること
すべてを試したうえで勘に頼っているか、
考えることを怠けて勘に頼っていないか。

▼『監督の器』

ある人が「『万策尽きた』が三策尽きたになっていないか？」という話をしていました。人は困難に直面すると、何とかそれを打開しようとあれこれ手を尽くします。それでもダメだと「万策尽きた」と言ってしまいますが、実は3つか4つの策を試しただけで、「もうダメだ」と諦めていないか、という問いかけです。

「人事を尽くして天命を待つ」も同じです。「事の成否は人知を超えたところにある以上、人としてあらゆる努力をしたら、あとは天命に任せる」という意味ですが、ここで大切なのは人事を尽くすこと、つまりできることはすべてやることです。それをせずに運を天に任せるようでは良い結果を得ることはできません。

野村克也は「勘」や「ひらめき」を無視したわけではありませんが、根拠なき勘やひらめきだけでは長いシーズンを乗り切ることはできないと考えていました。野村自身、勘の冴える時期もあり、何をやってもうまくいくこともありましたが、そんな時にも「人事を尽くしたうえで勘に頼っているのか、それとも考えることを怠けて勘に頼っているのか」と自問自答することは忘れませんでした。天命を待つことも、勘に頼ることも、「人事を尽くした」うえで許されるのです。

WORDS OF KATSUYA NOMURA 65

データに振り回されず使いこなせ

データ、データといっても見る人によっては宝にも、ゴミにもなる。

▼『負けに不思議の負けなし』

今日、ビッグデータの利用が盛んになっています。しかし、情報の集め方や使い方は、とても難しいものです。

データの怖さの1つは、個人個人の違いを無視して「十把ひとからげ」にしてしまうことです。例えば、広島の黄金期を支えた山本浩二と衣笠祥雄《きぬがさよしお》もベテランになるにつれ内角に手が出にくくなりましたが、野村克也によると、山本は元々内角を得意としただけに、内角高めはともかく、内角低めは打ちこなせたのに対し、衣笠は若い頃から内角が苦手だったといいます。そこまで調べずに「ベテランは内角攻めに弱い」とやってしまうと、対策を間違えることになるのです。

野村は監督時代、スコアラーに「なるべく細かいデータ、現場に生かせるデータを出してくれ」と頼んでいました。もちろん「集めて終わり」ではありません。データを見て「分かった気になる」だけでは意味がありません。大切なのは「次の1歩に生かす」ことで、それができて初めてデータは意味があるのです。データは、見る人によっては宝にも、ゴミにもなると、野村は考えていました。

そして、時にはデータを無視して、選手の闘争心に賭けることでも、勝利を上げていたのです。

WORDS OF KATSUYA NOMURA

66

小さくても強いハートを持て

心は小さくてもいい。
しかし、同時に強さを
持っていなければならない。

▼『番狂わせの起こし方』

「小心者」というと、悪いイメージになりますが、野村克也は自分のことを「私ほど気が小さい者はいないのではないかというくらいに小心者」と言っています。

野村は、解説などでも厳しい物言いをしたため、世の中からは「大胆不敵」「怖いものなどない」と見られていましたが、実際の野村は長くキャッチャーをやってきたこともあり、常に「最悪の状況を見据えてどうするかを考える」習慣がついていました。自然と、キャッチャーは「慎重にならざるを得ない」のです。心配性で、マイナス思考です。

だからといって、「心が弱くてはダメだ」と野村は言います。例えば、野村が教えたあるキャッチャーは当初、バッターの内角を攻めることができなかったといいます。理由は「もしバッターにぶつけてしまったら、次の打席で自分がぶつけられる」という恐れからです。

これは「心の弱さ」です。考え得るあらゆる状況を想定するのはかまいませんが、かといって臆病になってしまい、やるべきことまでできなくなっては勝負になりません。「たとえ心は小さくても、ハートは強くなければいけない」というのが野村の考え方です。

WORDS OF KATSUYA NOMURA 67

成長したいなら「聞く力」を磨き抜け

「耳は大なるべく、口は小なるべし」

▼『「本当の才能」の引き出し方』

「聞く力」の大切さが注目されていますが、野村克也も「耳は大なるべく、口は小なるべし」を信条としていました。

「口は災いの元」と言われるように、余計なことを言うと災いの元ともなるだけに、「口」は小さくしておく方が良いのに対し、知識や情報を仕入れるための「耳」はできるだけ大きく開いておいた方が良いというのが野村の考えです。

南海に入団した野村には、1つの夢がありました。それはプロで3年間、野球の勉強をしたら、それを生かして母校の監督になり、甲子園に出場させようというものでした。そのためには、野球の理論をしっかりと理解して、高校生にも分かりやすく伝えなければと考え、ベンチにノートを持ち込んでいましたが、当時の監督・鶴岡一人《かずと》は野球理論について語る人ではありませんでした。

そのためノートは白いままでしたが、その後、南海に入団した元大リーガーのドン・ブレイザーと出会ったことで、野村は野球についてたくさんのことを聞き、やがてノートは真っ黒に埋め尽くされ、その後の財産となりました。

「もっと成長したい」と少しでも思うなら、聞く耳を鍛え、聞く力を磨くことが大切だというのが野村の実感です。

WORDS OF KATSUYA NOMURA

第七章

チャンスを逃さない秘訣

WORDS OF KATSUYA NOMURA

68

欲を捨て、「今、ここ」に集中せよ

試合で勝つには、
欲から入っても、
欲から離れる必要がある。

▼『「本当の才能」の引き出し方』

「ここ一番」で、いつもなら簡単にできることができなくなるのは、そこに「欲」があるから、というのが野村克也の見方です。

人間が成長するためには、「欲」は欠かせないものです。欲があるからこそ人は頑張れるし、成長することもできるわけですが、欲があまりに強すぎると、肝心の時に力を発揮できなくなることもあるのです。

1992年の日本シリーズ、ヤクルト対西武の第7戦のことです。1対1で迎えた7回裏、ヤクルトは一死満塁のチャンスを迎えます。監督の野村は代打の切り札・杉浦亨《とおる》を打席へ送ります。ところが、杉浦の打球は二塁ゴロとなり、三塁ランナーはホームで憤死しました。

野村によると、杉浦は狙い通りの球が来たことで、「俺が試合を決めてやる」という欲が出て、普段なら簡単なはずの犠牲フライが打てませんでした。

欲が出ると、人は肩に力が入りすぎて、やるべき仕事が少しズレてしまいます。だからこそ野村は「欲はたしかに必要だが、最後は欲を捨てなければならない」と言うのです。大切な場面では、人は欲を捨て「今、ここ」に集中しなければならないのです。

WORDS OF KATSUYA NOMURA 69

結果より プロセスを重視せよ

大切なのは、
絶対に結果論で叱らないことである。

▼『野村再生工場』

ビジネスでもスポーツでも、結果が求められる以上、良い結果が出ればほめられるし、悪い結果が出れば叱られるのは仕方のないことです。しかし、野村克也によると、結果だけで叱っていると、思わぬ弊害が生じることになります。

三振したバッターを、三振という結果だけで責めてしまうと、選手は叱られたくないから「三振だけはしないように」とマイナス思考になってしまいます。それでは次から思い切ったバッティングもできないし、成長も止まってしまいます。

野村は、結果よりもそのプロセスを重視しました。例えばそのバッターが、バッテリーの配球パターンやカウントなど、さまざまな状況を考えたうえで、「ここはカーブが来る」と配球を読んで待っていたにもかかわらずストレートが来たために三振した場合、セオリーやデータからもその読みが正しいとすれば、野村は決して叱ることはしなかったといいます。それどころか「勝負に負けただけじゃないか」と慰め、「次はこうしてみたらどうだ」とアドバイスしたといいます。

大切なのは、結果以上に正しいプロセスを踏むことです。正しいプロセスを踏めば、良い結果は何度でも再現できます。

WORDS OF KATSUYA NOMURA 70

日頃の備えこそが優れた「決断」を生む

素早い決断は、「備えていた」からこそできるのだ。

▼『番狂わせの起こし方』

サッカーの名監督ジョゼップ・グアルディオラが、ある表彰式を欠席するにあたって、理由として挙げたのが「次の対戦相手の映像を3本分析しなければならないから」でした。この研究熱心こそが名将の名将たるゆえんでした。

野村克也も、選手時代には「1日3試合する」というほど研究熱心でした。1試合目は、試合前のロッカールームで行う、その日の対戦相手に関するシミュレーションです。2試合目は、もちろん現実の試合です。そして3試合目は、家に帰ってから行う振り返りや反省です。この3試合を毎日続けることで、野村が磨き上げたのが卓越した判断力でした。

野球というのは、バッターボックスでも守備でも、素早い判断が求められます。やるべき時、変わるべき時、その潮目にどれだけタイミングよく判断し、決断するかが勝負の分かれ目となります。その判断力は偶然ではなく、日頃の緻密《ちみつ》な「備え」があってこそ生まれてくる、というのが野村の経験からの言葉です。

何も考えずに日々の仕事を消化するだけの人と、持てる時間をとことん「備え」に使う人とでは、判断力でも成果でもどれほどの差がつくかは、誰しもが想像できることです。

WORDS OF KATSUYA NOMURA

71

準備あるところに「運」はやってくる

いつかチャンスが来るからと信じて練習を続ける。準備さえできていれば、突然、目の前に現れるチャンスを逃がさずにつかめる。

▼『番狂わせの起こし方』

「運なんてものは、練習をたくさんやった奴のおまけなんだ」とは、ニューヨーク・メッツの初代監督、ケーシー・ステンゲルの言葉です。時に運が味方したような活躍があったとしても、その運の陰には人一倍の努力や練習があるのです。

野村克也が南海でレギュラーを獲得したのは入団3年目のことです。きっかけは、3年目の春に行われたハワイでのキャンプにありました。優勝旅行も兼ねたキャンプだけに、先輩たちの多くが「夜な夜な遊びほうけていた」中で、野村は1人素振りを続けていました。

すると、毎晩遊び回っていたキャッチャーに激怒した鶴岡一人《かずと》監督が、地元のチームとの試合に野村を代わりのキャッチャーとして抜擢《ばってき》、野村はホームランを連発して、10試合全勝の立役者となりました。ここでの評価がシーズンに入ってからのレギュラー獲得へとつながっていったのです。

野村が試合に出られたのは、たしかに「運」ですが、チャンスに活躍できなければそこで終わりでした。運を引き寄せるには、日頃の努力と実力が不可欠です。運を引き寄せたのは、野村の日頃の「準備」のお陰でもあったのです。

WORDS OF KATSUYA NOMURA 72

苦しい時こそ「成長のチャンス」と考えろ

失敗や挫折、スランプといった不調の経験ほど伸びるチャンスとなる。

▼『「本当の才能」の引き出し方』

人は、好調な時と不調な時の、どちらで成長できるのでしょうか？

野村克也によると、昔の野球界には「不調になったら汗をかけ」という言葉があったといいます。不調の時は、ムダに心が乱れ、冷静な判断ができなくなりがちですが、そんな時は思い切り走って汗をかくとそれに没頭して、バッティングの不調などはさっぱり忘れることができ、精神的にも安定してくるというのです。

「不調」というのはある意味、「気持ちの問題」であり、気持ちを軽くすることができれば、ものごとを冷静に考えられるようになり、不調を脱するヒントもつかめるのです。失敗した時や挫折した時、スランプの時には「この場所から這い上がってやろう」という反骨心も自然と生まれますから、普段より頭を使って練習に取り組むようになります。「成長のチャンス」とは、そういうところに生まれるのです。

野村自身、スランプの中でもがき苦しむという経験を経て、「ＩＤ野球」が誕生したと話しているように、スランプや不調は伸びるチャンスでもあるのです。

WORDS OF KATSUYA NOMURA 73

「絶対に勝てる」ところまで準備しろ

一に準備、二に準備。

▼『野村再生工場』

投資で勝ちたければ、「I think（思う）」で妥協するのではなく、「I know（知っている）」と言い切れるところまで調べ尽くせというのが、有名投資家ジム・ロジャーズの言葉です。

野村克也は、良い成績を上げ、チームが勝利するためには「準備」が何より大切で、その準備にも2段階あると考えていました。例えば、バッターボックスに入る時、得点差やアウトカウントなどのほか、相手投手の特徴や心理状況などを考慮したうえで「ストレートを狙う」と判断したとします。ほとんどの選手はこれで「準備が整った」と考えますが、野村は「その先」があると指摘しました。

野村の準備は、「ストレートを狙う」だけでは不十分で、「ストライクのストレートだけを狙う」や「上から叩く」といった「二段構え」の準備をしてこそ「準備が整った」となるのです。プロの投手ともなれば、簡単に打てるボールを投げることはほとんどありません。一発必中で打ち返すためには、全神経を集中して準備をすることが不可欠で、そこまでの準備をして初めて「準備が整う」ことになるのです。野球は8割が備えで決まります。「絶対に勝てる」ところまで準備をすることが、本当の準備なのです。

WORDS OF KATSUYA NOMURA

74

わずかな時間をどう活かすかが成果を左右する

野球は「間《ま》」のスポーツである。
「その間に考えろ、備えろ」と言っているのだ。

▼『野村再生工場』

野村克也は、努力をするうえで、みんなに平等に与えられた24時間をどのように使うかが大切だと考えていましたが、それは野球における「間」についても同様でした。

野球というスポーツは、投手と捕手がサインを交換する間など、さまざまな場面で「間」が生じます。言わば、1球ごとにゲームが切れるわけですが、こうした「間」を、野村は「考える時間、備える時間」と表現しています。1球ごとに移り変わる状況の中で、考えられる限りの作戦の中から、成功する確率の最も高いものを選択する「そのための時間」だというのです。

野球では、1試合の中で何百と生まれる「間」を、野村のように「考える時間、備える時間」として可能な限り有効に使うのか、それとも「何となく」過ごしてしまうかで、プレーの質に大きな差が生まれるわけです。

ビジネスにおいても、それは同じです。日々の仕事の合間に生じるたくさんの「すきま時間」をどう使うかで仕事の成果に差が出るものなのです。

みんなに平等な「時間」ですが、その意味づけによって、使い方も大きく変わってくるのです。

WORDS OF KATSUYA NOMURA 75

強さはベンチでの姿勢に表れる

ベンチは休憩場所ではない。準備をする場所なのだ。

▼『リーダーのための「人を見抜く」力』

弱小サッカーチームの監督を任された人が、最初に手がけたのは、乱れていた試合前のロッカールームの整理整頓だったという話を聞いたことがあります。勝負は戦う前から始まっているのです。

チームの雰囲気や選手の姿勢は、グラウンドとは別の場所にもはっきりと表れます。野村克也によると、ベンチ内の選手の会話に耳を傾けていると、そのチームのレベルが自然と分かるといいます。

例えば、「ストライク入らないぞ！」「ピッチャービビッてるぞ！」といった、相手を罵倒するようなヤジを飛ばすチームは、低レベルの野球しかやっていないのに対し、強いチームは自分のチームの選手を励まそうと大きな声を出す時を除けば、相手チームの動きをよく見て、試合の流れのちょっとした変化や相手の攻略法などについて、選手同士で話し合うことが多いといいます。

なぜ、こうした違いがあるのでしょうか？　ヤジを飛ばすだけなら、試合に集中せず漠然と試合を見ているだけでできますが、控え選手を含めてみんなが試合に参加していれば、自然と真剣な会話になるからです。強いチームとそうでないチームの差は、ベンチでの姿勢にもはっきりと表れるのです。

WORDS OF KATSUYA NOMURA

第八章

人を動かす極意

WORDS OF KATSUYA NOMURA 76

聞く恥より無知無学を恥じよ

執念を持って聞くこと、
質問することは
次の扉を開くことになる。

▼『「本当の才能」の引き出し方』

「聞くは一時の恥、聞かぬは一生の恥」は、今も変わらぬ大切な心得です。

野村克也は、現役時代から自分が知りたいこと、疑問に思うことがあれば、相手が元大リーガーだろうが、英語が話せなかろうが、臆することなく質問しました。「恥ずかしい」よりも、「強くなりたい」「負けたくない」の執念からでした。

その姿勢は、監督になってからも変わることはありませんでした。ヤクルトの監督時代、ローテーションの1人として活躍しながら、故障などで不調に陥った投手の川崎憲次郎にシュートをマスターするように勧めたところ、川崎投手は「シュートは肘を痛める」という当時の定説を気にして、話を聞こうとはしませんでした。

そこで野村は、さほど面識がなかった、シュートを武器に活躍した元巨人の投手・西本聖《たかし》に本当かどうか聞き、「嘘ですよ、肘を悪くしようがありません」という答えをもらいました。早速、それを川崎投手に伝えたところ、納得した川崎投手はシュートをマスターし、最多勝投手となるほどの活躍をするようになったのです。

「聞くのは恥ずかしい」とよく言いますが、野村によると「無知無学の恥の方がよほど恥ずかしい」ものなのです。

WORDS OF KATSUYA NOMURA 77

失敗を反省したら すぐに一歩を踏み出せ

終わったことは取り戻せない。
その反省は必要だが、
引きずってもいいことは何もないぞ。

▼『なぜか結果を出す人の理由』

野球というのは、バッターの場合7割失敗しても3割打てば一流打者と言われるように、失敗の多いスポーツです。それだけに、ミスや失敗を引きずりすぎると良くないというのが野村克也の考えです。

失敗をいつまでも引きずる選手には、こう言ったといいます。

「終わったことは取り戻せない。その反省は必要だが、引きずっても良いことはないぞ。お前が1人でクヨクヨしているだけで、周りは何も思っちゃいないんだから」

失敗を反省もせず、「まぁ、しょうがない」で済ませる選手は、それだけの選手で終わります。但し、失敗をいつまでも引きずるのも良くありません。

例えば、長嶋茂雄はチャンスで凡退しても、その時は大いに悔しがっても、しばらくすると「さあ、次だ」とケロッとしていました。良い結果も悪い結果も引きずらないところに、長嶋の良さがありました。

失敗しても、間髪を入れずにその原因究明のために反省をして、次の瞬間には、前へ一歩を踏み出すという、それくらいの切り替えができてこそ一流になれる、というのが野村の教えでした。

WORDS OF KATSUYA NOMURA

78

自分の最大の敵は自分自身である

「もうダメだ」とあきらめそうな時こそ、「まだダメだ」と考えるようにしなくてはならない。

▼『野球と人生』

生きていると「もうダメだ」と思う瞬間が何度か訪れるものです。つい「もうダメだ」と思いがちですが、そんな時、「まだダメだ」と思えるかどうかが大切だというのが、野村克也の考えです。

野村によると一生懸命に素振りをしたからといって、次の日から急に打てるようになるわけではありません。配球について研究をしたからといって、すぐに勝てるわけでもありません。努力には即効性がないだけに、中には「所詮、この世界は才能のある奴が勝つんだ。自分には才能がないから、いくら努力してもダメなんだ」と言い訳をして、努力そのものから逃げようとする人もいます。努力から逃げてしまっては、そこで終わります。

しかし、そんな時に「自分はまだひよっこだ。このくらいの努力ではまだダメだ」と考えられる人は、「結果が出ないのは努力が足りないからだ」と素直に原点に立ち返り、「もっと努力しよう」と頑張ることができるというのです。

「もうダメだ」と言うのも自分なら、「まだダメだ」と言うのも自分です。「自分の最大の敵は自分自身であり、それに勝てるかどうかで、その人の人間としての器が試される」と野村は教えるのです。

WORDS OF KATSUYA NOMURA

79

相手に応じて言葉を使い分けろ

言葉の力は大きい。配球と同じだ。
相手がどう考え、どう動くかを読み、
次の球を決める。

▼『番狂わせの起こし方』

野村克也は、「配球」というのは、3つに分けられるといいます。①打者中心の組み立て、②投手中心の組み立て、③状況中心の組み立て―の3つで、配球の極意は、この3つをどう組み合わせるかにあります。しかし、いずれも普段から観察や洞察をしっかり行っていないと単調な配球となり、痛い目にあうことになるといいます。

野村は、選手とのコミュニケーションも「配球と同じ」だと考えていました。例えば、捕手が「ここで内角をズバッと攻めて、見逃し三振に取る」と理想の姿を描いたとしても、投手がコントロールミスをすることもあれば、打者がそこに狙いを絞っているということもあります。同様に、監督の言葉も選手に期待通りに伝わるとは限りません。

だからこそ、野村は選手の性格や反応を見ながら、言葉や態度を使い分けてきました。それはまさに「配球」と同じで、常に相手がどう考え、どう動くかをよく読み、その都度、最善の言葉や話し方を選んでこそできることなのです。

コミュニケーションは、一方的に伝えるだけでは成立しません。相手を納得させるためには、相手に応じて手を変え品を変えていくことが大切なのです。

WORDS OF KATSUYA NOMURA 80

言葉には、人生を変える力がある

野球界に革命を起こして、歴史をつくろう。

▼『超二流』

野村克也が南海の監督時代、江夏豊投手に言った「野球界に革命を起こして、歴史をつくろう」は球史に残る名セリフです。

江夏投手は、阪神に入団した翌年にシーズン４０１奪三振を記録。先発完投は当たり前、20勝以上を４度も記録し、オールスターでもパリーグの強打者を相手に９連続三振を記録したほどのスーパースターでした。プロ10年目に南海にトレードされましたが、当時は血行障害や肘の痛みなどに苦しみ、先発完投は難しくなっていました。

そんな江夏投手に、監督の野村が告げたのがリリーフへの転向でした。かつてのスピードはなくとも、江夏投手には抜群のコントロールがあることを見込んでの薦めでしたが、先発完投が当たり前と思う江夏投手は、すぐには同意しません。その時、野村から出たのが「革命」でした。聞いた江夏投手にとっても「男にとって『革命』は魅力ある言葉」で、身に突き刺さる言葉でした。

結果、江夏投手は日本を代表するリリーフエースとなりますが、江夏投手によると、野球人生の半分が阪神なら、後半の野球人生は「野村克也がつくってくれた」ものなのです。

「野村克也」参考文献

以下の11冊はいずれも野村克也さんの著書です。

『野村ノート』小学館文庫
『野球は頭でするもんだ』朝日文庫
『負けに不思議の負けなし』朝日文庫
『究極の野村メソッド　番狂わせの起こし方』青春出版社
『野球と人生　最後に笑う「努力」の極意』青春出版社
『野村の真髄　「本当の才能」の引き出し方』青春出版社
『監督の器』イースト新書
『超二流　天才に勝つ一芸の究め方』ポプラ新書
『リーダーのための「人を見抜く」力』詩想社新書
『野村再生工場―叱り方、褒め方、教え方』角川oneテーマ21
『なぜか結果を出す人の理由』集英社新書

雑誌「Number」(文藝春秋)722 773 782 999

『仕事力　紅版』朝日新聞社編、朝日新聞出版

桑原《くわばら》 晃弥《てるや》

1956年、広島県生まれ。経済・経営ジャーナリスト。慶應義塾大学卒。業界紙記者などを経てフリージャーナリストとして独立。トヨタ式の普及で有名な若松義人氏の会社の顧問として、トヨタ式の実践現場や、大野耐一氏直系のトヨタマンを幅広く取材、トヨタ式の書籍やテキストなどの制作を主導した。一方でスティーブ・ジョブズやジェフ・ベゾスなどのIT企業の創業者や、本田宗一郎、松下幸之助など成功した起業家の研究をライフワークとし、人材育成から成功法まで鋭い発信を続けている。著書に『人間関係の悩みを消すアドラーの言葉』『自分を活かし成果を出すドラッカーの言葉』(ともにリベラル社)、『スティーブ・ジョブズ名語録』(PHP研究所)、『トヨタ式「すぐやる人」になれるすごい仕事術』(笠倉出版社)、『ウォーレン・バフェット巨富を生み出す7つの法則』(朝日新聞出版)、『トヨタ式5W1H思考』(KADOKAWA)、『1分間アドラー』(SBクリエイティブ)、『amazonの哲学』(大和文庫)などがある。

イラスト　田渕正敏
デザイン　宮下ヨシヲ（サイフォン グラフィカ）
校正　土井明弘
編集　安田卓馬（リベラル社）
編集人　伊藤光恵（リベラル社）
営業　津村卓（リベラル社）

編集部　渡辺靖子・堀友香・山田吉之
営業部　津田滋春・廣田修・青木ちはる・澤順二・大野勝司・竹本健志
制作・営業コーディネーター　仲野進

リーダーとして結果を出す 野村克也の言葉

2020年9月26日　初版

著　者　桑原　晃弥
発行者　隅田　直樹
発行所　株式会社 リベラル社
〒460-0008　名古屋市中区栄3-7-9　新鏡栄ビル8F
TEL 052-261-9101　FAX 052-261-9134
http://liberalsya.com

発　売　株式会社 星雲社（共同出版社・流通責任出版社）
〒112-0005　東京都文京区水道1-3-30
TEL 03-3868-3275

　ISBN978-4-434-27936-2